히라가나부터 JLPT까지! 입에 착! 머리에 착! 시험에 착!
착! 붙는 일본어 시리즈

문자부터 **한자, 어휘, 문법, 읽기, 쓰기, 시험**까지
일본어 학습의 모든 분야를 다루고 있는 **착! 붙는 일본어** 시리즈
다양한 교재로 원하는 분야, 부족한 분야를 콕! 집어서 학습하고 일본어 고수되기

 입문    초·중급

히라가나 가타카나
이미지 연상으로
쉽게 익히는 일본어 문자

독학 첫걸음
일본어 입문서 부문
스테디셀러

읽기·쓰기
소설로 읽어 보는
착! 붙는 일본어 독학 첫걸음

단어장
테마별로 익히는
초중급 일본어 단어

상용한자 1026
일본 초등학교에서
배우는 상용한자 마스터

문법
조사부터 문형까지
기본 문법 마스터

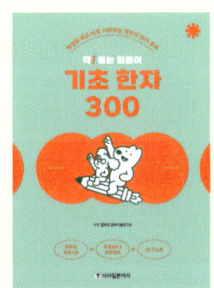
기초 한자 300
첫걸음 마스터하고
바로 시작하는
일본어 기초 한자

상용한자 2136
N3~N5 레벨의
초급~초중급 한자
정복서

착! 붙는 일본어 첫걸음, 연애소설이 되다!

착! 붙는
일본어
읽기 · 쓰기

저자 **일본어 공부기술연구소**

시사일본어사

머리말

시중에는 많은 일본어 독학 첫걸음 교재들이 있습니다. 그리고 학습자들은 자신에게 맞는 입문서를 선택하여 입문 과정을 공부합니다. 하지만 입문 과정을 마친 학습자들은 다음 단계에서 망설일 수밖에 없습니다. 시험을 목표로 일본어를 시작한 학습자라면 레벨에 맞는 수험서를 선택하여 다음 과정을 준비할 수 있지만, 단순히 '일본어 학습'을 목적으로 하는 학습자들은 딱딱한 한자 교재나 갑자기 레벨이 높아지는 문법·독해 교재를 보며 갈 길을 잃는 경우가 많습니다.

「착! 붙는 일본어 읽기·쓰기」는 이러한 생각을 가지고 있는 학습자를 위한 교재로, '나는 ○○입니다. 나는 ○○를 좋아합니다'와 같은 입문 내용에서 한 단계 발전한 '이야기'를 위주로 하는 좀 더 풍부한 내용의 학습을 목표로 합니다. 「착! 붙는 일본어 독학 첫걸음」의 회화문을 토대로 한 등장인물들의 이야기를 소설로 엮어 입문 과정의 기본 어휘와 문법을 공부한 분들이 어렵지 않게 읽을 수 있도록 구성되어 있으며, 소설을 통한 읽기 학습과 더불어 필사를 통한 쓰기 학습까지 가능하도록 하였습니다.

문법과 어휘 위주로 이루어지는 입문 과정에서의 피로감과 학습에 대한 부담감을 줄이고 읽기·쓰기 학습을 중심으로 일본어에 좀 더 익숙해져, 다음 과정으로 가기 전 워밍업을 하는 데 도움이 될 것입니다.

「착! 붙는 일본어 읽기·쓰기」를 통해 많은 일본어 초급 학습자 분들이 일본어에 보다 친숙해지고, 일본 단편 소설을 완독했다는 성취감과 자신감을 느끼실 수 있기를 바랍니다.

저자 일본어 공부기술연구소

이 책의 구성

「착! 붙는 일본어 읽기·쓰기」는 「착! 붙는 일본어 독학 첫걸음」의 본문 회화에 등장하는 '유나와 기무라'의 이야기를 소설로 엮어낸 것입니다. 「착! 붙는 일본어 독학 첫걸음」 교재에 나오는 어휘와 문법을 익히면 충분히 읽을 수 있도록 N4, N5 레벨의 표현을 중심으로 구성하였으며, 단어와 포인트 문형을 예습이나 복습으로 활용하면 내용 이해도를 높일 수 있습니다. 또한, 읽은 내용을 따라 쓰는 필사를 통해 쓰기 연습과 복습 효과를 얻을 수 있습니다.

일본어 스토리 읽기

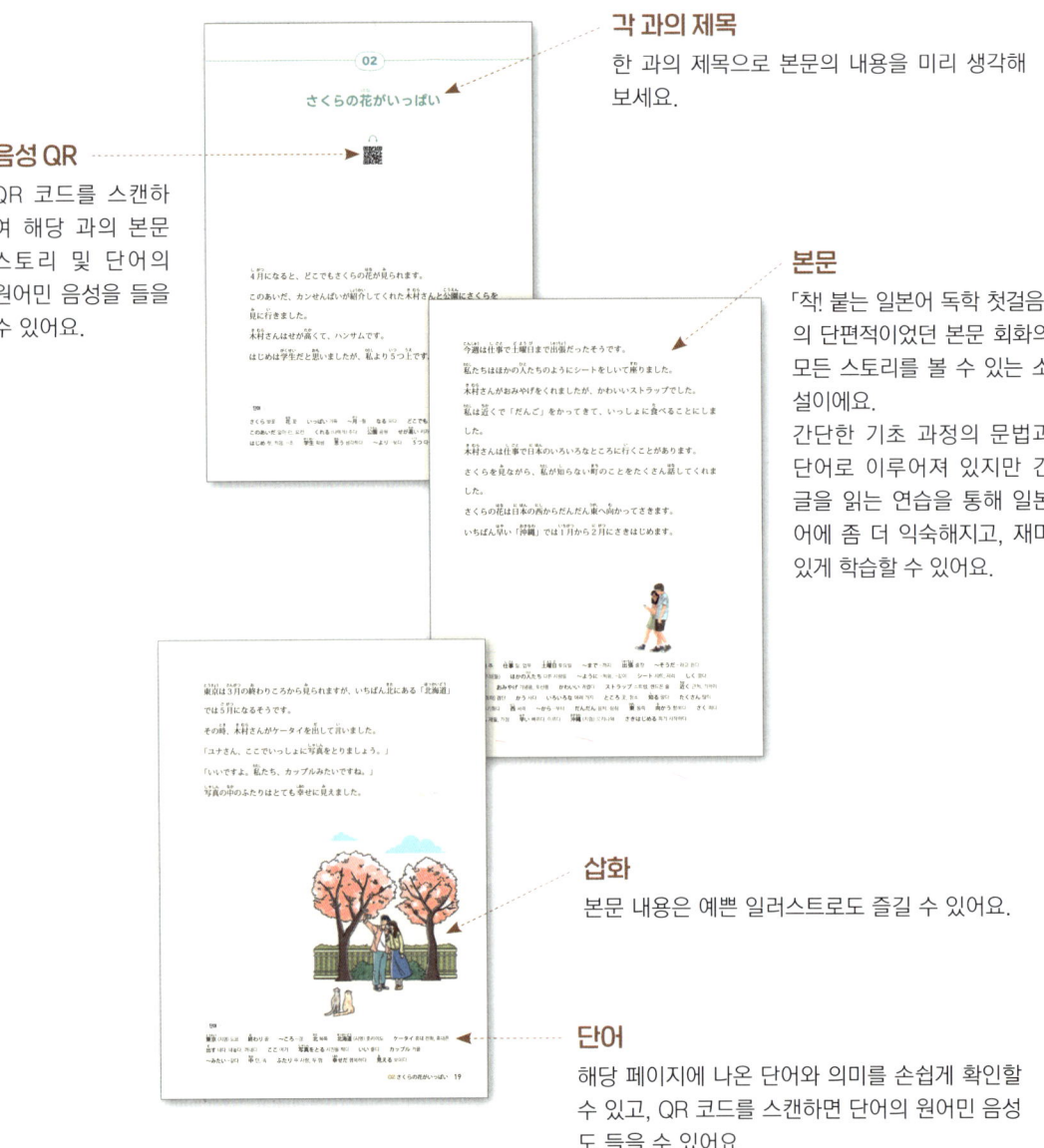

각 과의 제목
한 과의 제목으로 본문의 내용을 미리 생각해 보세요.

음성 QR
QR 코드를 스캔하여 해당 과의 본문 스토리 및 단어의 원어민 음성을 들을 수 있어요.

본문
「착! 붙는 일본어 독학 첫걸음」의 단편적이었던 본문 회화의 모든 스토리를 볼 수 있는 소설이에요.
간단한 기초 과정의 문법과 단어로 이루어져 있지만 긴 글을 읽는 연습을 통해 일본어에 좀 더 익숙해지고, 재미있게 학습할 수 있어요.

삽화
본문 내용은 예쁜 일러스트로도 즐길 수 있어요.

단어
해당 페이지에 나온 단어와 의미를 손쉽게 확인할 수 있고, QR 코드를 스캔하면 단어의 원어민 음성도 들을 수 있어요.

본문 해석

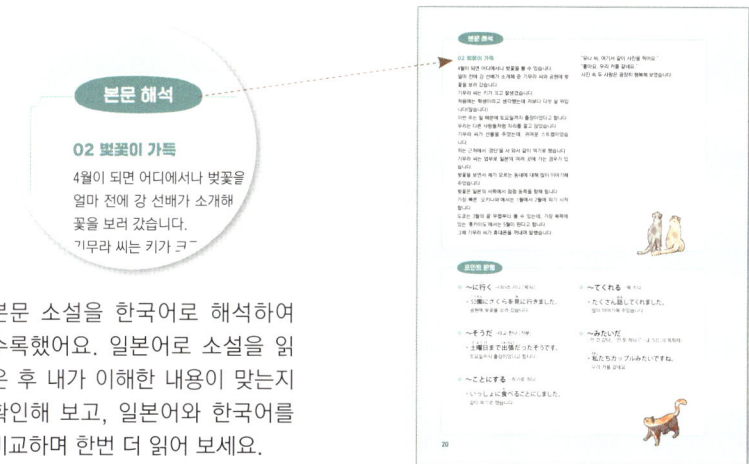

본문 소설을 한국어로 해석하여 수록했어요. 일본어로 소설을 읽은 후 내가 이해한 내용이 맞는지 확인해 보고, 일본어와 한국어를 비교하며 한번 더 읽어 보세요.

포인트 문형

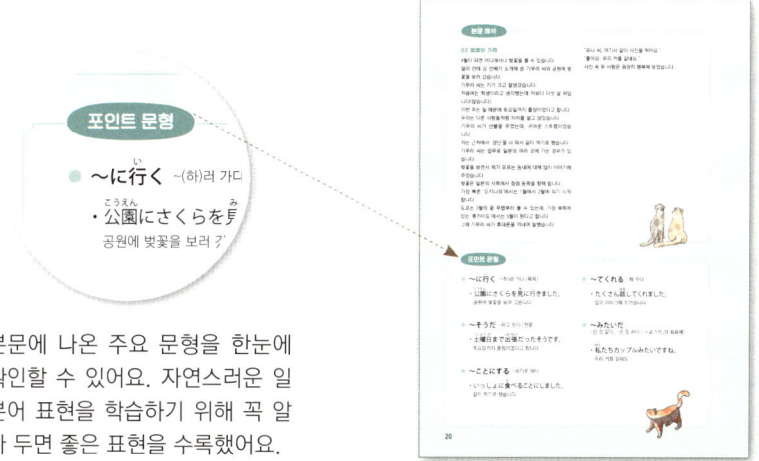

본문에 나온 주요 문형을 한눈에 확인할 수 있어요. 자연스러운 일본어 표현을 학습하기 위해 꼭 알아 두면 좋은 표현을 수록했어요.

필사 노트

본문 내용을 생각하며 따라 쓰는 연습을 해 봐요. 쓰기 연습을 하며 읽은 내용을 복습하여 일본어에 좀 더 익숙해질 수 있을 거예요.

단어 퀴즈(PDF)

단어의 발음과 의미를 다시 한번 복습할 수 있는 단어 퀴즈 PDF로 실력 체크를 해 봐요.
PDF 파일은 하단 QR코드를 스캔하거나 시사일본어사 홈페이지에서 다운로드 받으실 수 있어요.

단어 퀴즈
PDF 다운 받기

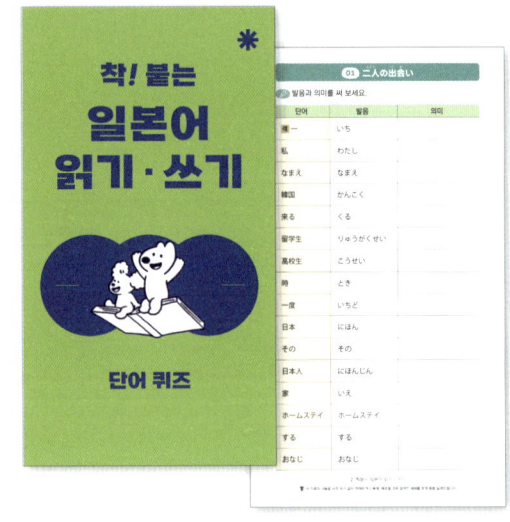

음성 이용 방법

본문을 원어민 음성으로 들으며 오디오북처럼 이용해 보세요.

음성 듣기

「착! 붙는 일본어 읽기·쓰기」는 각 과별로 본문 내용과 단어의 원어민 음성을 제공하고 있습니다. 또한 본문 소설만을 한번에 들을 수 있는 '소설 전체 듣기' 트랙을 재생하면 오디오북처럼 들을 수도 있습니다.

음성은 각 과 첫 페이지 및 좌측 QR 코드를 스캔하여 스트리밍 서비스를 이용하거나, 시사일본어사 홈페이지에서 무료 다운로드 후 이용하실 수 있습니다.

시사일본어사 홈페이지   www.sisabooks.com/jpn

등장인물 소개

キム・ユナ 김유나

大学 4 年生
대학교 4학년 학생

大学の寮で生活している。
대학 기숙사에서 생활하고 있다.

カン・ミンジュン 강민준

日本「ケイシステム」の海外事業部社員
일본 '케이시스템'의 해외 사업부 사원

木村の同僚 기무라의 동료

1年後に韓国事業部に転勤になる。
1년 후에 한국 사업부로 전근하게 된다.

木村 剛 기무라 츠요시

日本「ケイシステム」の海外事業部社員
일본 '케이시스템'의 해외 사업부 사원

カン・ミンジュンからユナを紹介される。
강민준에게 유나를 소개받는다.

鈴木一郎 스즈키 이치로

日本「ケイシステム」の国内営業部社員
일본 '케이시스템'의 국내 영업부 사원

목차

머리말 3
이 책의 구성 4
등장인물 소개 7

01 二人の出会い 두 사람의 만남 — 10

02 さくらの花がいっぱい 벚꽃이 가득 — 17

03 日本の夏 일본의 여름 — 24

04 私の好きなもの 내가 좋아하는 것 — 31

05 大切な家族です 소중한 가족입니다 — 38

06 結婚、おめでとうございます 결혼, 축하합니다 — 45

07 料理のうでまえは… 요리 솜씨는… — 52

08 夏まつりはゆかたで 여름 축제는 유카타로 — 59

09	映画はやっぱりポップコーン 영화는 역시 팝콘	66
10	最高のカレー 최고의 카레	73
11	とりあえず、生ビール！ 일단 생맥주!	80
12	公園はもう秋の色 공원은 이제 가을 빛	87
13	ハッピーバースデー Happy birthday	94
14	大事な話 중요한 이야기	101
15	出発の日 출발하는 날	108
16	木村さんのメール 기무라 씨의 메일	115

01

二人の出会い
（ふたり の であい）

私（わたし）のなまえはキム・ユナ。韓国（かんこく）から来（き）た留学生（りゅうがくせい）です。

高校生（こうこうせい）の時（とき）に一度（いちど）、日本（にほん）に来（き）たことがあります。

その時（とき）、日本人（にほんじん）の家（いえ）にホームステイをしました。

その家（いえ）には私（わたし）とおなじなまえの高校生（こうこうせい）がいました。

田中優奈（たなかゆな）です。

「ゆな」と私（わたし）はすぐ仲良（なかよ）くなりました。

家（いえ）の人（ひと）もとてもしんせつでした。

| 단어 |

私 나　なまえ 이름　韓国 한국　来る 오다　留学生 유학생　高校生 고등학생　時 때　一度 한 번
日本 일본　その 그　日本人 일본인　家 집　ホームステイ 홈스테이　する 하다　おなじ 같은
すぐ 곧, 금방　仲良くなる 사이가 좋아지다　人 사람　とても 매우　しんせつだ 친절하다

「ゆな」の高校と私の高校は1年に一度、こうたいで相手の学校を訪問します。

日本に行ってから私は日本がとても好きになりました。

そのころ高校のカン・ミンジュンせんぱいが日本に留学しました。

せんぱいは日本の大学を卒業したあと、日本の会社に入りました。

時々メールで「ユナも大学を卒業したら日本に来なさい。」と言います。

それから、私の夢は日本に行くことになりました。

日本の「ゆな」にもまた会いたかったです。

| 단어 |

高校 고등학교　こうたい 교대　相手 상대　学校 학교　訪問 방문　行く 가다　好きだ 좋아하다
そのころ 그 때쯤　せんぱい 선배　留学 유학　だいがく 대학　卒業 졸업　あと 후, 뒤(시간)　会社 회사
入る 들어가(오)다　時々 때때로, 가끔　メール 메일　言う 말하다　それから 그리고 나서, 그 뒤　夢 꿈
また 또, 다시　会う 만나다

3年前に私はようやく日本の大学に入りました。

「ゆな」もほかの大学で勉強していました。

でも、今年の春、「ゆな」は韓国に留学しました。

私の国、韓国で私が過ごした町に行って、私が食べたおいしいものが食べたいと言いました。

せっかく会えたのに、またはなれなければなりません。

少し悲しかったですが、うれしい気持ちもありました。

「ゆな」が出発した日、カン・ミンジュンせんぱいから連絡がありました。

「ユナ、紹介したい人がいるんだけど、いっしょにおいしいものを食べよう！」

私はほんとうは「ゆな」がいなくなって、とてもさびしかったです。

せんぱいのことばを聞いて、何だか元気が出てきました。

「はい、行きます！せんぱい、お元気でしたか。」

| 단어 |

3年前 3년 전　ようやく 겨우, 드디어　ほか 다른　勉強する 공부하다　でも 하지만　今年 올해　春 봄
国 나라　過ごす 지내다, 시간을 보내다　町 마을, 동네　食べる 먹다　おいしい 맛있다　もの 것, 물건
せっかく 모처럼　はなれる 떨어지다, 벗어나다　少し 조금　悲しい 슬프다　うれしい 기쁘다　気持ち 기분
ある 있다(사물·식물)　出発 출발　日 일, 날　連絡 연락　紹介 소개　いる 있다(사람·동물)　いっしょに 함께
ほんとう 정말, 진짜, 사실　さびしい 쓸쓸하다　ことば 말　聞く 듣다, 묻다　何だか 왠지, 어쩐지
元気だ 건강하다　出てくる 나오다

본문 해석

01 두 사람의 만남

제 이름은 김유나. 한국에서 온 유학생입니다.
고등학생 때 한 번, 일본에 온 적이 있습니다.
그 때, 일본인 집에 홈스테이를 했습니다.
그 집에는 저와 같은 이름의 고등학생이 있었습니다.
다나카 유나입니다.
'유나'와 저는 금방 친해졌습니다.
그 집 사람들도 매우 친절했습니다.
'유나'의 고등학교와 저의 고등학교는 1년에 한 번, 교대로 서로의 학교를 방문합니다.
일본에 가고 나서 저는 일본이 매우 좋아졌습니다.
그 시절 고등학교의 강민준 선배가 일본에 유학을 했습니다.
선배는 일본의 대학을 졸업한 후, 일본 회사에 들어갔습니다.
가끔 메일로
'유나도 대학을 졸업하면 일본에 와라'
라고 말합니다.
그 뒤로 제 꿈은 일본에 가는 것이 되었습니다.
일본의 '유나'와도 또 만나고 싶었습니다.
3년 전에 저는 드디어 일본 대학에 들어갔습니다.
'유나'도 다른 대학에서 공부하고 있었습니다.

하지만 올해 봄, '유나'는 한국으로 유학 갔습니다.
우리나라, 한국에서 제가 지낸 동네에 가서 제가 먹은 맛있는 음식을 먹고 싶다고 말했습니다.
모처럼 만날 수 있었는데, 다시 떨어져야 합니다.
조금 슬펐지만 기쁜 마음도 있었습니다.
'유나'가 출발한 날, 강민준 선배로부터 연락이 있었습니다.
"유나야, 소개하고 싶은 사람이 있는데, 같이 맛있는 거 먹자!"
저는 사실 '유나'가 없어져서 너무 쓸쓸했습니다.
선배의 말을 듣고 어쩐지 기운이 났습니다.
"네, 갈게요! 선배, 잘 지내셨나요?"

포인트 문형

● **〜たことがある** ~(한) 적이 있다 [경험]
・日本に来たことがあります。 일본에 온 적이 있습니다.

● **〜になる** ~게 되다 [변화]
・日本がとても好きになりました。 일본이 매우 좋아졌습니다.
・私の夢は日本に行くことになりました。 제 꿈은 일본에 가는 것이 되었습니다.

● **〜なければならない** ~하지 않으면 안 된다, ~해야 한다
・またはなれなければなりません。 다시 떨어져야(헤어져야) 합니다.

私のなまえはキム・ユナ。韓国から来た留学生です。

高校生の時に一度、日本に来たことがあります。

その時、日本人の家にホームステイをしました。

その家には私とおなじなまえの高校生がいました。

田中優奈です。

「ゆな」と私はすぐ仲良くなりました。

家の人もとてもしんせつでした。

「ゆな」の高校と私の高校は1年に一度、こうたいで相手の学校を訪問します。

日本に行ってから私は日本がとても好きになりました。

そのころ高校のカン・ミンジュンせんぱいが日本に留学しました。

せんぱいは日本の大学を卒業したあと、日本の会社に入りました。

時々メールで

「ユナも大学を卒業したら日本に来なさい。」

と言います。

それから、私の夢は日本に行くことになりました。

日本の「ゆな」にもまた会いたかったです。

3年前に私はようやく日本の大学に入りました。

「ゆな」もほかの大学で勉強していました。

でも、今年の春、「ゆな」は韓国に留学しました。

私の国、韓国で私が過ごした町に行って、私が食べた

おいしいものが食べたいと言いました。

せっかく会えたのに、またはなれなければなりません。

少し悲しかったですが、うれしい気持ちもありました。

「ゆな」が出発した日、カン・ミンジュンせんぱいから連絡がありました。

「ユナ、紹介したい人がいるんだけど、いっしょにおいしいものを食べよう!」

私はほんとうは「ゆな」がいなくなって、とてもさびしかったです。

せんぱいのことばを聞いて、何だか元気が出てきました。

「はい、行きます! せんぱい、お元気でしたか。」

02

さくらの花がいっぱい

4月になると、どこでもさくらの花が見られます。

このあいだ、カンせんぱいが紹介してくれた木村さんと公園にさくらを見に行きました。

木村さんはせが高くて、ハンサムです。

はじめは学生だと思いましたが、私より5つ上です。

| 단어 |

さくら 벚꽃   花 꽃   いっぱい 가득   ～月 ~월   なる 되다   どこでも 어디에서나, 어디에서도
見る 보다   このあいだ 얼마 전, 요전   くれる (나에게) 주다   公園 공원   せが高い 키가 크다
ハンサムだ 잘생기다   はじめ 첫, 처음, ~초   学生 학생   思う 생각하다   ～より ~보다
5つ 다섯, 다섯 개, 다섯 살   上 위

今週は仕事で土曜日まで出張だったそうです。

私たちはほかの人たちのようにシートをしいて座りました。

木村さんがおみやげをくれましたが、かわいいストラップでした。

私は近くで「だんご」をかってきて、いっしょに食べることにしました。

木村さんは仕事で日本のいろいろなところに行くことがあります。

さくらを見ながら、私が知らない町のことをたくさん話してくれました。

さくらの花は日本の西からだんだん東へ向かってさきます。

いちばん早い「沖縄」では1月から2月にさきはじめます。

| 단어 |

今週 이번 주　仕事 일, 업무　土曜日 토요일　～まで ~까지　出張 출장　～そうだ ~라고 한다
私たち 우리(들)　ほかの人たち 다른 사람들　～ように ~처럼, ~같이　シート 시트, 자리　しく 깔다
座る 앉다　おみやげ 기념품, 토산품　かわいい 귀엽다　ストラップ 스트랩, 핸드폰 줄　近く 근처, 가까이
だんご (과자) 경단　かう 사다　いろいろな 여러 가지　ところ 곳, 장소　知る 알다　たくさん 많이
話す 이야기하다　西 서쪽　～から ~부터　だんだん 점차, 점점　東 동쪽　向かう 향하다　さく 피다
いちばん 제일, 가장　早い 빠르다, 이르다　沖縄 (지명) 오키나와　さきはじめる 피기 시작하다

東京は3月の終わりころから見られますが、いちばん北にある「北海道」では5月になるそうです。

その時、木村さんがケータイを出して言いました。

「ユナさん、ここでいっしょに写真をとりましょう。」

「いいですよ。私たち、カップルみたいですね。」

写真の中のふたりはとても幸せに見えました。

본문 해석

02 벚꽃이 가득

4월이 되면 어디에서나 벚꽃을 볼 수 있습니다.
얼마 전에 강 선배가 소개해 준 기무라 씨와 공원에 벚꽃을 보러 갔습니다.
기무라 씨는 키가 크고 잘생겼습니다.
처음에는 학생이라고 생각했는데 저보다 다섯 살 위입니다(많습니다).
이번 주는 일 때문에 토요일까지 출장이었다고 합니다.
우리는 다른 사람들처럼 자리를 깔고 앉았습니다.
기무라 씨가 선물을 주었는데, 귀여운 스트랩이었습니다.
저는 근처에서 '경단'을 사 와서 같이 먹기로 했습니다.
기무라 씨는 업무로 일본의 여러 곳에 가는 경우가 있습니다.
벚꽃을 보면서 제가 모르는 동네에 대해 많이 이야기해 주었습니다.
벚꽃은 일본의 서쪽에서 점점 동쪽을 향해 핍니다.
가장 빠른 '오키나와'에서는 1월에서 2월에 피기 시작합니다.
도쿄는 3월의 끝 무렵부터 볼 수 있는데, 가장 북쪽에 있는 '홋카이도'에서는 5월이 된다고 합니다.
그때 기무라 씨가 휴대폰을 꺼내며 말했습니다.

"유나 씨, 여기서 같이 사진을 찍어요."
"좋아요. 우리, 커플 같네요."
사진 속 두 사람은 굉장히 행복해 보였습니다.

포인트 문형

● **〜に行く** 〜(하)러 가다 [목적]
- 公園にさくらを見に行きました。
  공원에 벚꽃을 보러 갔습니다.

● **〜そうだ** 〜라고 한다 [전문]
- 土曜日まで出張だったそうです。
  토요일까지 출장이었다고 합니다.

● **〜ことにする** 〜하기로 하다
- いっしょに食べることにしました。
  같이 먹기로 했습니다.

● **〜てくれる** 〜해 주다
- たくさん話してくれました。
  많이 이야기해 주었습니다.

● **〜みたいだ** 〜인 것 같다, 〜인 듯 하다 (「〜ようだ」의 회화체)
- 私たちカップルみたいですね。
  우리 커플 같네요.

4月になると、どこでもさくらの花が見られます。

このあいだ、カンせんぱいが紹介してくれた木村さんと公園にさくらを見に行きました。

木村さんはせが高くて、ハンサムです。

はじめは学生だと思いましたが、私より5つ上です。

今週は仕事で土曜日まで出張だったそうです。

私たちはほかの人たちのようにシートをしいて座りました。

木村さんがおみやげをくれましたが、かわいいストラップでした。

私は近くで「だんご」をかってきて、いっしょに食べることにしました。

木村さんは仕事で日本のいろいろなところに行くことがあります。

さくらを見ながら、私が知らない町のことをたくさん話してくれました。

さくらの花は日本の西からだんだん東へ向かってさきます。

いちばん早い「沖縄」では1月から2月にさきはじめます。

東京は3月の終わりころから見られますが、いちばん北にある「北海道」では5月になるそうです。

その時、木村さんがケータイを出して言いました。

「ユナさん、ここでいっしょに写真をとりましょう。」

「いいですよ。私たち、カップルみたいですね。」

写真の中のふたりはとても幸せに見えました。

日本の夏
にほん なつ

会社でミンジュンさんと木村さんが日本の夏は暑いと話していました。

春や秋は日本と韓国はだいたい同じです。

4月のはじめには東京もソウルもさくらがさきます。

紅葉は東京が11月後半、ソウルは10月終わりころで少しちがいます。

でも、夏の日本は本当に暑いです。

とくに夏のはじめに長い間雨がふりますが、「つゆ」といいます。

| 단어 |

夏 여름　暑い 덥다　～や ~랑, ~이나　秋 가을　だいたい 대체로　同じだ 같다　～も ~도
ソウル 서울　紅葉 단풍　後半 후반　ちがう 다르다, 틀리다　本当に 정말로　とくに 특히
長い間 오랫동안　雨 비　ふる (눈・비가) 내리다　つゆ 장마

そのあと、たいふうもよく来ます。

韓国より雨が多いから、暑くても気持ちが悪いです。

それなのに会社ではネクタイをしている人が多いです。

エアコンの温度はあまり下げることができません。

エネルギーを大切にするために少し暑くてもがまんします。

だからミンジュンさんはもっとすずしい服が着られればいいと思っています。

Tシャツを着て仕事をするのはだめでしょうか。

その時部長が部屋に入ってきました。

「みなさん、今日も暑いですね。こんな日は冷たい生ビールがいちばんです。仕事のあと、みんなでビアガーデンに行きましょう！」

みんな、手をたたいて喜びました。

ミンジュンさんが木村さんに「ビアガーデン」が何か聞きました。

「ビルの屋上でいろいろなものを食べながら、ビールを飲むところです。」

はじめて「ビアガーデン」に行ったミンジュンさんはびっくりしました。

店の人が両手にたくさんビールを持って運んでいたからです。

ビールが落ちないか心配になりましたが、とても上手に持っていきます。

空には大きな月が見えました。

夜になってすずしい風もふいています。

ミンジュンさんはこんなところがあれば、日本の夏も悪くないと思いました。

| 단어 |

部長 부장(님)　部屋 방　みなさん 여러분　今日 오늘　こんな 이런　冷たい 차갑다　生ビール 생맥주
みんなで 다 같이　ビアガーデン 비어가든　手をたたく 손뼉을 치다　喜ぶ 기뻐하다　何 무엇
ビル 빌딩　屋上 옥상　ビール 맥주　飲む 마시다　はじめて 처음　びっくりする 깜짝 놀라다
店 가게　両手 양손　持つ 들다　運ぶ 나르다　落ちる 떨어지다　心配だ 걱정이다
上手だ 잘하다, 능숙하다　空 하늘　大きい 크다　月 달　夜 밤　風 바람　ふく 불다　悪い 나쁘다

본문 해석

03 일본의 여름

회사에서 민준 씨와 기무라 씨가 일본의 여름은 덥다고 이야기하고 있었습니다.
봄이나 가을은 일본과 한국은 거의 비슷합니다.
4월 초에는 도쿄도 서울도 벚꽃이 핍니다.
단풍은 도쿄가 11월 후반, 서울은 10월 말경으로 조금 다릅니다.
하지만 여름의 일본은 정말 덥습니다.
특히 여름이 시작될 무렵에 오랫동안 비가 내리는데, '쓰유(장마)'라고 합니다.
그 후에 태풍도 자주 옵니다.
한국보다 비가 많이 내려서 더워도 기분이 나쁩니다.
그런데도 회사에서는 넥타이를 매고 있는 사람이 많습니다.
에어컨 온도는 그다지 내릴 수가 없습니다.
에너지를 아끼기 위해 조금 더워도 참습니다.
그래서 민준 씨는 좀 더 시원한 옷을 입을 수 있으면 좋겠다고 생각합니다.
티셔츠를 입고 일을 하면 안 될까요?
그때 부장님이 방으로 들어왔습니다.
"여러분, 오늘도 덥군요. 이런 날은 시원한 생맥주가 최고지요. 업무 후 다 같이 비어가든(맥주집)에 갑시다!"
다들 손뼉을 치며 기뻐했습니다.
민준 씨가 기무라 씨에게 '비어가든'이 무엇인지 물었습니다.
"빌딩 옥상에서 이것저것을 먹으며 맥주를 마시는 곳이에요."
처음 '비어가든'에 간 민준 씨는 깜짝 놀랐습니다.
가게 사람이 양손에 맥주를 잔뜩 들고 나르고 있었기 때문입니다.
맥주가 떨어지지 않을까 걱정이 되었는데 매우 능숙하게 들고 갑니다.
하늘에는 커다란 달이 보였습니다.
밤이 되어 시원한 바람도 불고 있습니다.
민준 씨는 이런 곳이 있으면, 일본의 여름도 나쁘지 않다고 생각했습니다.

포인트 문형

● **〜と話す** ~라고 이야기하다
- 暑いと話していました。　덥다고 이야기하고 있었습니다.

● **〜という** ~라고 하다
- 「つゆ」といいます。　'쓰유(장마)'라고 합니다.

● **〜と思う** ~라고 생각하다
- 着られればいいと思っています。　입을 수 있으면 좋겠다고 생각합니다.
- 悪くないと思いました。　나쁘지 않다고 생각했습니다.

会社でミンジュンさんと木村さんが日本の夏は暑いと話していました。

春や秋は日本と韓国はだいたい同じです。

4月のはじめには東京もソウルもさくらがさきます。

紅葉は東京が11月後半、ソウルは10月終わりころで少しちがいます。

でも、夏の日本は本当に暑いです。

とくに夏のはじめに長い間雨がふりますが、「つゆ」といいます。

そのあと、たいふうもよく来ます。

韓国より雨が多いから、暑くても気持ちが悪いです。

それなのに会社ではネクタイをしている人が多いです。

エアコンの温度はあまり下げることができません。
エネルギーを大切にするために少し暑くてもがまんします。
だからミンジュンさんはもっとすずしい服が着られればいいと思っています。
Tシャツを着て仕事をするのはだめでしょうか。
その時部長が部屋に入ってきました。
「みなさん、今日も暑いですね。こんな日は冷たい生ビールがいちばんです。仕事のあと、みんなでビアガーデンに行きましょう！」
みんな、手をたたいて喜びました。
ミンジュンさんが木村さんに「ビアガーデン」が何か聞きました。
「ビルの屋上でいろいろなものを食べながら、ビールを飲むところです。」

はじめて「ビアガーデン」に行ったミンジュンさんはびっくりしました。

店の人が両手にたくさんビールを持って運んでいたからです。

ビールが落ちないか心配になりましたが、とても上手に持っていきます。

空には大きな月が見えました。

夜になってすずしい風もふいています。

ミンジュンさんはこんなところがあれば、日本の夏も悪くないと思いました。

04

私の好きなもの

土曜日の午後、木村さんとカフェで会いました。

木村さんは午前中仕事があったから、会社の近くにあるカフェにしました。

「ユナさんは大学でサークルに入りましたか。」

「日本のことを知りたかったので、お茶のサークルに入りました。」

それまでコーヒーしか飲まなかった私は、日本で初めてお茶を飲みました。

| 단어 |

午後 오후   カフェ 카페   午前中 오전 중   サークル 서클, 동아리   お茶 차, 녹차
それまで 그때까지   コーヒー 커피   〜しか ~밖에

「苦くなかったですか。ぼくはちょっとにがてです。」

「私は味より、心が静かになっていくような感じが好きです。」

ホームステイした時、「ゆな」のお母さんがお茶を飲ませてくれました。

その時は苦いと思いましたが、後でまた飲みたくなりました。

お母さんは体にもいいし、お茶はとても歴史が長いと教えてくれました。

日本では京都や静岡が有名ですが、東京の近くにもお茶の町があるそうです。

「いつかいっしょに行きませんか。」

と言おうとした時、木村さんのケータイがなりました。

「…わかりました。後で行きます。」

せっかく二人で会っているのに、こんな時のケータイはきらいです。

| 단어 |

苦い 쓰다　　ぼく 나(남자가 사용하는 1인칭)　　ちょっと 조금, 좀　　にがてだ 서투르다, 싫다　　味 맛　　心 마음
静かだ 조용하다　　感じ 느낌　　お母さん 어머니, 엄마　　後で 나중에　　体 몸　　歴史 역사　　教える 가르치다
京都 (지명) 교토　　静岡 (지명) 시즈오카　　有名だ 유명하다　　いつか 언젠가　　なる 울리다, 소리가 나다
わかる 알다　　きらいだ 싫어하다

「約束ですか。大事なことなら…。」

「いや、いいんです。ユナさんのほうが大事ですから。」

木村さんの声は、大好きなドラマの主人公のようでした。

본문 해석

04 내가 좋아하는 것

토요일 오후, 기무라 씨와 카페에서 만났습니다.
기무라 씨는 오전 중에 일이 있었기 때문에 회사 근처에 있는 카페로 정했습니다.
"유나 씨는 대학에서 동아리에 들어갔나요?"
"일본에 대해 알고 싶어서 차(茶) 동아리에 들어갔어요."
그때까지 커피밖에 마시지 않았던 저는 일본에서 처음으로 차를 마셨습니다.
"쓰지 않나요? 저는 잘 못 먹겠어요."
"저는 맛보다 마음이 차분해지는 것 같은 느낌을 좋아해요."
홈스테이 했을 때 '유나'의 어머니가 차를 대접해 주었습니다.
그 때는 쓰다고 생각했지만 나중에 또 마시고 싶어졌습니다.
어머니는 몸에도 좋고, 차는 역사가 매우 길다고 가르쳐 주었습니다.
일본에서는 교토와 시즈오카가 유명하지만, 도쿄 근처에도 차 마을이 있다고 합니다.
"언젠가 함께 가지 않을래요?"
라고 말하려 할 때, 기무라 씨의 핸드폰이 울렸습니다.
"…알겠습니다. 나중에 가겠습니다."
모처럼 둘이서 만나고 있는데, 이럴 때의 핸드폰은 싫습니다.
"약속인가요? 중요한 일이라면……."
"아니에요, 괜찮아요. 유나 씨가 더 중요하니까요."
기무라 씨의 목소리는 정말 좋아하는 드라마 주인공 같았습니다.

포인트 문형

● **〜にする** ~로 하다, ~로 정하다
- 近くにあるカフェにしました。
  근처에 있는 카페로 (정)했습니다.

● **〜しか〜ない** ~밖에 ~지 않다, ~만 ~하다
- それまでコーヒーしか飲まなかった。
  그때까지 커피밖에 마시지 않았다.

● **〜と教えてくれた** ~라고 가르쳐 주었다
- 歴史が長いと教えてくれました。
  역사가 길다고 가르쳐 주었습니다.

● **동사 의지형 + とした時** ~(하)려고 했을 때
- 言おうとした時
  말하려고 할 때

● **〜のようだ** ~와 같다 [비유]
- ドラマの主人公のようでした。
  드라마 주인공 같았습니다.

土曜日の午後、木村さんとカフェで会いました。

木村さんは午前中仕事があったから、会社の近くにあるカフェにしました。

「ユナさんは大学でサークルに入りましたか。」

「日本のことを知りたかったので、お茶のサークルに入りました。」

それまでコーヒーしか飲まなかった私は、日本で初めてお茶を飲みました。

「苦くなかったですか。ぼくはちょっとにがてです。」

「私は味より、心が静かになっていくような感じが好きです。」

ホームステイした時、「ゆな」のお母さんがお茶を飲ませてくれました。

その時は苦いと思いましたが、後でまた飲みたくなりました。

お母さんは体にもいいし、お茶はとても歴史が長いと教えてくれました。

日本では京都や静岡が有名ですが、東京の近くにもお茶の町があるそうです。

「いつかいっしょに行きませんか。」

と言おうとした時、木村さんのケータイがなりました。

「…わかりました。後で行きます。」

せっかく二人で会っているのに、こんな時のケータイはきらいです。

「約束ですか。大事なことなら…。」

「いや、いいんです。ユナさんのほうが大事ですから。」

木村さんの声は、大好きなドラマの主人公のようでした。

05

大切(たいせつ)な家族(かぞく)です

木村(きむら)さんの家族(かぞく)は全部(ぜんぶ)で5人(ごにん)です。

きょうだいはお姉(ねえ)さんと弟(おとうと)さんがいるそうです。

ひとりっ子(こ)じゃなくてよかったと思(おも)いました。

だってきょうだいがいないと自分(じぶん)のことしか考(かんが)えないと言(い)いますから。

木村(きむら)さんは家族(かぞく)を大切(たいせつ)にしているみたいです。

| 단어 |

大切(たいせつ)だ 소중하다   家族(かぞく) 가족   全部(ぜんぶ)で 모두, 합해서   ~人(にん) ~인, ~명   きょうだい 형제
お姉(ねえ)さん 언니, 누나   弟(おとうと)さん 남동생   ひとりっ子(こ) 독자, 외동   だって 왜냐하면   自分(じぶん) 자기
考(かんが)える 생각하다

私も５人家族です。

きょうだいは弟が２人いますが、中学生と高校生です。

弟たちはまだ子どもだと思うことがよくあります。

だから今まで男の人を見ると、みんな弟のように見えました。

でも、木村さんは… お兄さんのようです。

私には兄はいませんから、木村さんといっしょにいる時はとても安心できます。

木村さんに誕生日を聞かれました。

「子どもの日と同じだから、おぼえやすいですね。でももう過ぎたからざんねんです。来年の誕生日はいっしょにお祝いしましょう！」

| 단어 |

中学生 중학생   まだ 아직   子ども 아이, 어린이   今まで 지금까지, 그동안   男の人 남자   みんな 모두, 다들
お兄さん 오빠, 형   兄 오빠, 형   安心 안심   誕生日 생일   子どもの日 어린이날(5월 5일)
おぼえやすい 외우기 쉽다   もう 이미, 벌써   過ぎる 지나다   ざんねんだ 아쉽다, 유감이다   来年 내년
お祝いする 축하하다

「木村さんはいつですか。」

「ぼくは12月5日です。忘年会と同じころだからいつも楽しい
パーティーになりますよ。」

その日をケータイにメモしました。

何をプレゼントするか、今からゆっくり考えます。

| 단어 |

いつ 언제　忘年会 송년회, 망년회　いつも 늘, 항상　楽しい 즐겁다　パーティー 파티　メモ 메모
プレゼント 선물　今 지금　ゆっくり 천천히

본문 해석

05 소중한 가족입니다

기무라 씨의 가족은 모두 다섯 명입니다.
형제는 누나와 남동생이 있다고 합니다.
외동이 아니라서 다행이라고 생각했습니다.
왜냐하면 형제가 없으면 자기밖에 생각하지 않는다고 하니까요.
가무라 씨는 가족을 소중하게 여기는 것 같습니다.
저도 5인 가족입니다.
형제는 남동생이 두 명 있는데 중학생과 고등학생입니다.
동생들은 아직 아이라고 느끼는 일이 자주 있습니다.
그래서 지금까지 남자를 보면 모두 남동생처럼 보였습니다.
그렇지만, 기무라 씨는… 오빠 같습니다.
저에게는 오빠가 없어서, 기무라 씨와 함께 있을 때는 매우 안심이 됩니다.
기무라 씨가 제 생일을 물었습니다.
"어린이날과 같아서 외우기 쉽네요. 근데 이미 지나서 아쉬워요. 내년 생일은 같이 축하합시다!"
"기무라 씨는 언제예요?"
"저는 12월 5일입니다. 송년회와 비슷한 시기라서 언제나 즐거운 파티가 된답니다."
그날을 휴대폰에 메모했습니다.
무엇을 선물할지 지금부터 천천히 생각할 겁니다.

포인트 문형

● **명사 + のように** ~처럼, ~같이
- みんな弟のように見えました。　모두 남동생처럼 보였습니다.

● **명사 + のようだ** ~같다, ~인 것 같다 [비유/추측]
- お兄さんのようです。　오빠 같습니다.

● **동사 수동형** ~당하다, (상대방이) ~하다
- 木村さんに誕生日を聞かれました。　기무라 씨가 제 생일을 물었습니다.

● **동사 ます형 + やすい** ~(하)기 쉽다
- おぼえやすいですね。　외우기(기억하기) 쉽네요.

木村さんの家族は全部で5人です。

きょうだいはお姉さんと弟さんがいるそうです。

ひとりっ子じゃなくてよかったと思いました。

だってきょうだいがいないと自分のことしか考えない

と言いますから。

木村さんは家族を大切にしているみたいです。

私も5人家族です。

きょうだいは弟が2人いますが、中学生と高校生です。

弟たちはまだ子どもだと思うことがよくあります。

だから今まで男の人を見ると、みんな弟のように見えました。

でも、木村さんは…お兄さんのようです。

私には兄はいませんから、木村さんといっしょにいる時はとても安心できます。

木村さんに誕生日を聞かれました。

「子どもの日と同じだから、おぼえやすいですね。でももう過ぎたからざんねんです。来年の誕生日はいっしょにお祝いしましょう!」

「木村さんはいつですか。」

「ぼくは12月5日です。忘年会と同じころだからいつも楽しいパーティーになりますよ。」

その日をケータイにメモしました。

何をプレゼントするか、今からゆっくり考えます。

結婚、おめでとうございます

土曜日に木村さんの会社の鈴木さんという人が結婚しました。
私は知らない人ですが、木村さんが
「結婚式が終わったあとのパーティーはだれが来てもいいから。」
と言いました。
ミンジュンさんもいましたから、少し安心しました。

| 단어 |

結婚 결혼　　おめでとうございます 축하합니다　　～という ~라고 하는　　結婚式 결혼식　　終わる 끝나다
だれ 누구

パーティーはご飯を食べるだけじゃなくて、おもしろいイベントがたくさんありました。

歌手のような服を着て、歌ったり、ギターをひいたりする人もいました。

それからマジックを見せる人が、ハンカチの中からハートのチョコレートを出しました。それを結婚した二人にあげた時は、私も少し涙が出てきました。

「ユナさん、韓国の結婚式と何がちがいますか。」

「韓国ではもっと人が多いですね。普通200人くらい来ます。」

木村さんはびっくりしたようでした。ミンジュンさんも言いました。

「でも、式が終わってからみんなで食事をしてすぐ終わります。1時間くらい。日本は『ひろうえん※』があるから、全部で3時間くらいかかるでしょう。」

※ 피로연(48p 참조)

| 단어 |

ご飯 밥, 식사　～だけ ~뿐, ~만　おもしろい 재미있다, 웃기다　イベント 이벤트　歌手 가수
歌う 노래하다　～たり ~하거나　ギター 기타　ひく 치다, 켜다　マジック 마술　見せる 보이다, 보여주다
ハンカチ 손수건　ハート 하트　チョコレート 초콜릿　それ 그것　あげる (남에게) 주다
涙が出る 눈물이 나다　普通 보통　～くらい・ぐらい ~정도　式 식　食事 식사
ひろうえん 피로연, 혼인 잔치　かかる (시간이) 걸리다

こんどは私がびっくりしました。

日本人はおまつりが好きだといいます。

結婚式もたくさん人が集まって楽しむ、おまつりなのかもしれません。

私はワインを飲んでとても気分がよくなりました。

このあとはみんなでカラオケに行くそうです。

ひさしぶりに韓国の歌を歌いたいです。

| 단어 |

こんど 이번, 이다음　　おまつり 축제　　集まる 모이다　　楽しむ 즐기다　　〜かもしれない 〜일지도 모른다
ワイン 와인　　気分 기분　　カラオケ 노래방　　ひさしぶり 오랜만　　歌 노래

본문 해석

06 결혼, 축하합니다

토요일에 기무라 씨 회사의 스즈키 씨라는 사람이 결혼했습니다.
저는 모르는 사람이지만, 기무라 씨가
"결혼식이 끝난 후의 파티는 누구나 와도 좋으니까"
라고 말했습니다.
민준 선배도 있어서 조금 안심이 되었습니다.
파티에는 밥을 먹는 것뿐만 아니라 재미있는 이벤트가 많이 있었습니다.
가수처럼 옷을 입고 노래를 부르거나 기타를 치거나 하는 사람도 있었습니다.
그리고 마술을 보여주는 사람이 손수건 안에서 하트 초콜릿을 꺼냈습니다. 그것을 결혼한 두 사람에게 주었을 때는 저도 조금 눈물이 나왔습니다.
"유나 씨, 한국 결혼식과 뭐가 달라요?"
"한국에서는 사람이 더 많아요. 보통 200명 정도 와요."
기무라 씨는 깜짝 놀란 것 같았습니다. 민준 선배도 말했습니다.
"그래도 식이 끝나고 나서 다 같이 식사를 하고 금방 끝나요. 한 시간 정도. 일본은 '피로연*'이 있으니까 다해서 세 시간 정도 걸릴 거예요."
이번에는 제가 깜짝 놀랐습니다.

일본인은 축제를 좋아한다고 합니다.
결혼식도 많은 사람이 모여 즐기는 축제일지도 모릅니다.
저는 와인을 마시고 아주 기분이 좋아졌습니다.
이 다음에는 다 같이 노래방에 간다고 합니다.
오랜만에 한국 노래를 부르고 싶습니다.

✻ 일본의 결혼 피로연은 결혼식의 일부분으로 결혼식에 참석한 모든 사람(정식으로 초대장을 받은 사람만)이 자리를 함께 하며 결혼의 축의를 함께 나누는 자리로 보통 코스 요리 등으로 식사를 한다. 그 사이 지인 등의 축하 인사나 노래 등 축하 프로그램이 이어져 시간이 많이 소요된다. 유나가 참석한 '파티'는 피로연이 끝난 후에 더 친근한 사람끼리 모이는 2차 파티를 의미한다.

포인트 문형

● **～てもいい** ~해도 된다, ~해도 좋다
　• だれが来てもいい。　누구나 와도 된다 / 누구나 와도 좋다.

● **～たり～たりする** ~거나 ~거나 하다
　• 歌ったり、ギターをひいたりする。　노래하거나 기타를 치거나 한다.

● **～てから** ~고 나서, ~후에
　• 式が終わってからみんなで食事をします。　식이 끝나고 나서 다 같이 식사를 합니다.

● **～かもしれない** ~일지도 모른다, ~일 수도 있다
　• おまつりなのかもしれません。　축제일지도 모릅니다 / 축제인 건지도 모르겠습니다.

土曜日に木村さんの会社の鈴木さんという人が結婚しました。

私は知らない人ですが、木村さんが

「結婚式が終わったあとのパーティーはだれが来てもいいから。」

と言いました。

ミンジュンさんもいましたから、少し安心しました。

パーティーはご飯を食べるだけじゃなくて、おもしろいイベントがたくさんありました。

歌手のような服を着て、歌ったり、ギターをひいたりする人もいました。

それからマジックを見せる人が、ハンカチの中からハートのチョコレートを出しました。それを結婚した二人にあげた時は、私も少し涙が出てきました。
「ユナさん、韓国の結婚式と何がちがいますか。」
「韓国ではもっと人が多いですね。普通200人くらい来ます。」
木村さんはびっくりしたようでした。ミンジュンさんも言いました。
「でも、式が終わってからみんなで食事をしてすぐ終わります。1時間くらい。日本は『ひろうえん』があるから、全部で3時間くらいかかるでしょう。」
こんどは私がびっくりしました。

日本人はおまつりが好きだといいます。

結婚式もたくさん人が集まって楽しむ、おまつりなのかもしれません。

私はワインを飲んでとても気分がよくなりました。

このあとはみんなでカラオケに行くそうです。

ひさしぶりに韓国の歌を歌いたいです。

07

料理のうでまえは…

先週の週末はひさしぶりにいい天気になりました。

天気予報ではつゆももうすぐ終わりそうです。

木村さんがすてきな公園に案内してくれました。

あちこちにアジサイの花が咲いています。

ジョギングをしている人もたくさんいます。

단어

料理 요리　うでまえ 솜씨　先週 지난주　週末 주말　天気 날씨　天気予報 일기 예보
もうすぐ 금방, 이제 곧　すてきだ 멋지다　案内 안내　あちこち 여기저기　アジサイ 수국
ジョギング 조깅

私たちは池の近くの静かな場所にシートをひろげました。

「ユナさんは週末には何をしていますか。」

「もうすぐ夏休みなので、試験やレポートがたくさんあります。だから図書館で勉強をしています。でも、このごろは木村さんとデートするのに忙しいですね。フフ。」

木村さんもわらいながら、

「ぼくは休みの日は時間をかけて料理を作ります。」

と言いました。

| 단어 |

池 연못　場所 장소　ひろげる 펼치다　夏休み 여름 방학　試験 시험　レポート 리포트
図書館 도서관　このごろ 요즘　デート 데이트　忙しい 바쁘다　わらう 웃다　休みの日 쉬는 날, 휴일
時間をかける 시간을 들이다　作る 만들다

そうじやせんたくも休みの日に全部するそうです。

私も大学の生活のことを話しました。

私は留学生の寮に入っていますが、食事はだいたい大学の食堂で食べます。

部屋にはキッチンがないので料理はできませんが、食堂はおいしいメニューがいろいろあります。

ルームメイトが一人います。カナダから来たサラです。

部屋のそうじはサラとこうたいですることになっています。

「サラさんとは英語で話していますか。」

「いいえ、せっかく日本にいますから、二人とも日本語で話します。」

木村さんがこんどおいしい料理を作るから家に来てくださいと、招待してくれました。

私は心の中で

「やったー！」

とさけびました。

| 단어 |

そうじ 청소　せんたく 세탁, 빨래　全部 전부　生活 생활　寮 기숙사　食堂 식당　キッチン 부엌
ない 없다　メニュー 메뉴　ルームメイト 룸메이트　一人 한 명, 혼자　カナダ 캐나다　英語 영어
日本語 일본어　招待 초대　やった 앗싸, 야호　さけぶ 외치다

본문 해석

07 요리 솜씨는…

지난 주말은 오랜만에 날씨가 좋았습니다.
일기 예보를 보면 장마도 곧 끝날 것 같습니다.
기무라 씨가 멋진 공원으로 안내해 주었습니다.
여기저기에 수국 꽃이 피어 있습니다.
조깅을 하고 있는 사람도 많이 있습니다.
우리는 연못 근처 조용한 장소에 자리를 폈습니다.
"유나 씨는 주말에는 뭘 해요?"
"이제 곧 여름 방학이라 시험이랑 리포트가 많아요. 그래서 도서관에서 공부를 해요. 그래도 요즘은 기무라 씨하고 데이트하느라고 바쁘네요. 후훗."
기무라 씨도 웃으면서,
"저는 쉬는 날은 시간을 들여 요리를 만들어요."
라고 말했습니다.
청소나 빨래도 쉬는 날에 전부 한다고 합니다.
저도 대학 생활에 대해 이야기했습니다.
저는 유학생 기숙사에 들어가 있는데, 식사는 대개 대학 식당에서 먹습니다.
방에는 부엌이 없기 때문에 요리는 할 수 없지만, 식당은 맛있는 메뉴가 여러 가지 있습니다.
룸메이트가 한 명 있습니다. 캐나다에서 온 사라입니다.
방 청소는 사라와 교대로 하기로 되어 있습니다.

"사라 씨와는 영어로 이야기하나요?"
"아뇨, 기왕 일본에 있으니 둘 다 일본어로 이야기해요."
기무라 씨가 다음에 맛있는 요리를 만들 테니 집에 와 달라고 초대해 주었습니다.
나는 마음속으로
'앗싸!'
하고 외쳤습니다.

포인트 문형

● **동사 ます형 + そうだ** ~ㄹ 것 같다
- もうすぐ終わりそうです。   이제 곧 끝날 것 같습니다.

● **자동사 + ている** ~해 있다 [상태]
- あちこちにアジサイの花が咲いています。   여기저기 수국 꽃이 피어 있습니다.

● **타동사 + ている** ~하고 있다 [진행]
- 図書館で勉強をしています。   도서관에서 공부를 하고 있습니다.

● **~ことになっている** ~게 되어 있다
- こうたいですることになっています。   교대로 하기로 되어 있습니다.

先週の週末はひさしぶりにいい天気になりました。

天気予報ではつゆももうすぐ終わりそうです。

木村さんがすてきな公園に案内してくれました。

あちこちにアジサイの花が咲いています。

ジョギングをしている人もたくさんいます。

私たちは池の近くの静かな場所にシートをひろげました。

「ユナさんは週末には何をしていますか。」

「もうすぐ夏休みなので、試験やレポートがたくさんあります。だから図書館で勉強をしています。でも、このごろは木村さんとデートするのに忙しいですね。フフ。」

木村さんもわらいながら、

「ぼくは休みの日は時間をかけて料理を作ります。」

と言いました。

そうじやせんたくも休みの日に全部するそうです。

私も大学の生活のことを話しました。

私は留学生の寮に入っていますが、食事はだいたい

大学の食堂で食べます。

部屋にはキッチンがないので料理はできませんが、

食堂はおいしいメニューがいろいろあります。

ルームメイトが一人います。カナダから来たサラ

です。

部屋のそうじはサラとこうたいですることになってい

ます。

「サラさんとは英語で話していますか。」

「いいえ、せっかく日本にいますから、二人とも日本語で話します。」

木村さんがこんどおいしい料理を作るから家に来てくださいと、招待してくれました。

私は心の中で

「やったー！」

とさけびました。

08

夏まつりはゆかたで

夏の楽しみはおまつり*です。

日本では全国から人が集まる大きいおまつりがあります。

一度5月に浅草に行って見たことがありますが、人が多くて

おまつりのパレードが通る道には入れませんでした。

でも近くの公園でする小さなおまつりもあります。

* 마쓰리(62p 참조)

| 단어

夏まつり 여름 축제　　ゆかた 유카타 (여름용 기모노)　　楽しみ 즐거움　　全国 전국　　浅草 (지명) 아사쿠사
パレード 퍼레이드　　通る 지나다, 통과하다　　道 길　　小さい 작다

私と木村さんはゆかたを着て、おまつりを見に行きました。

おとなも子どももみんな仲良く歩いていました。

子どもたちが着ているおまつりの服がかわいかったです。

「きんぎょすくい」もありました。

私は上手にとれませんでしたが、木村さんは10ぴきもとりました。

「これ、ユナさんの部屋で飼うことができますか。」

「うわー、かわいい。サラも喜びますよ。」

暑いからほかの人たちは「かき氷」を食べていましたが、私はにがてです。

すると木村さんがたこ焼きを買ってきてくれました。

日本ではじめて「たこ焼き」という名前を聞いた時は、焼いた「たこ」だと思いました。

| 단어 |

おとな 어른   仲良く 사이 좋게   歩く 걷다   きんぎょすくい 금붕어 건지기   とる 잡다
~ひき・ぴき・びき ~마리   飼う (동물을) 기르다, 키우다   かき氷 빙수   すると 그러자   たこ焼き 다코야키
焼く 굽다   たこ 문어

まるくて食べやすい「たこ焼き」は私が好きな日本の食べ物の一つです。

「おいしい！」

と私が言った時、「ドーン」という大きな音がしました。

夜の空に大きな花が咲いたようでした。花火です。

私はいつの間にか木村さんの手をにぎっていました。

| 단어 |

まるい 둥글다　食べ物 먹을 것, 음식　一つ 하나, 한 개　音がする 소리가 나다　花火 불꽃놀이
いつの間にか 어느새　手 손　にぎる 쥐다, 잡다

본문 해석

08 여름 축제는 유카타로

여름의 즐거움은 축제*입니다.
일본에서는 전국에서 사람이 모이는 큰 축제가 있습니다.
한 번 5월에 아사쿠사에 가서 본 적이 있는데, 사람이 많아서 축제 퍼레이드가 다니는 길에는 들어가지 못했습니다.
하지만 근처 공원에서 하는 작은 축제도 있습니다.
저와 기무라 씨는 유카타를 입고 축제를 보러 갔습니다.
어른도 아이도 모두 사이 좋게 걷고 있었습니다.
아이들이 입고 있는 축제 옷이 귀여웠습니다.
'금붕어 건지기'도 있었습니다.
저는 잘 잡지 못했지만, 기무라 씨는 열 마리나 잡았습니다.
"이거 유나 씨 방에서 키울 수 있어요?"
"우와! 귀여워. 사라도 기뻐할 거예요."
더워서 다른 사람들은 '빙수'를 먹고 있었지만, 저는 잘 못 먹습니다.
그러자 기무라 씨가 다코야키를 사다 주었습니다.
일본에서 처음 '다코야키'라는 이름을 들었을 때는 구운 '문어'라고 생각했습니다.

동그랗고 먹기 좋은 '다코야키'는 제가 좋아하는 일본 음식 중 하나입니다.
"맛있어요!"
하고 제가 말했을 때, '펑' 하는 큰 소리가 났습니다.
밤 하늘에 커다란 꽃이 핀 것 같았습니다. 불꽃놀이입니다.
저는 어느새 기무라 씨의 손을 잡고 있었습니다.

* 일본의 축제는 국가의 번영을 빌거나 역병, 천재지변 등을 막는 것을 기원하는 의식에서 비롯한 것이 많아서 신을 맞이하여 모시는 가마를 메고 다니는 행렬을 보여 주는 경우가 많다. 또한 축제에 모여드는 사람들을 상대로 물건이나 음식을 파는 노점상으로 북적이는데 그 중에 '금붕어 건지기'와 같은 놀이는 어린 아이들을 끌어들이는 오락 중 하나이다.

참고 浅草の三社祭 아사쿠사의 산자마쓰리
      매년 5월 도쿄 아사쿠사에서 열리는 여름 축제

포인트 문형

● **〜てくる** ~해 오다
- たこ焼きを買ってきてくれました。 다코야키를 사 와 주었습니다/사다 주었습니다.

● **〜という** ~라는, ~라고 하는 [설명]
- 「たこ焼き」という名前を聞いた時は、焼いた「たこ」だと思いました。
  '다코야키'라는 이름을 들었을 때는 구운 '문어'라고 생각했습니다.

- 「ドーン」という大きな音がしました。
  '펑'하는 큰 소리가 났습니다.

夏の楽しみはおまつりです。

日本では全国から人が集まる大きいおまつりがあります。

一度5月に浅草に行って見たことがありますが、人が多くておまつりのパレードが通る道には入れませんでした。

でも近くの公園でする小さなおまつりもあります。

私と木村さんはゆかたを着て、おまつりを見に行きました。

おとなも子どももみんな仲良く歩いていました。

子どもたちが着ているおまつりの服がかわいかったです。

「きんぎょすくい」もありました。

私は上手にとれませんでしたが、木村さんは10ぴきもとりました。

「これ、ユナさんの部屋で飼うことができますか。」

「うわー、かわいい。サラも喜びますよ。」

暑いからほかの人たちは「かき氷」を食べていましたが、私はにがてです。

すると木村さんがたこ焼きを買ってきてくれました。

日本ではじめて「たこ焼き」という名前を聞いた時は、焼いた「たこ」だと思いました。

まるくて食べやすい「たこ焼き」は私が好きな日本の食べ物の一つです。

「おいしい！」

と私が言った時、「ドーン」という大きな音がしました。

夜の空に大きな花が咲いたようでした。花火です。

私はいつの間にか木村さんの手をにぎっていました。

09

映画はやっぱりポップコーン

金曜日の夜、木村さんと映画を見ました。

前から見たかった映画でした。

とても人気があるから、いい席をとるのはたいへんでした。

私たちは映画が始まる前に会って、先にご飯を食べる約束をしました。

でも私が駅に着いてから、出口を間違えてしまいました。

その駅はいろいろな線が集まっていて、とても大きいです。

出口が4つもあって、それぞれがはなれています。

| 단어 |

映画 영화　　やっぱり 역시　　ポップコーン 팝콘　　金曜日 금요일　　前 전(시간), 앞(공간)　　人気 인기
席 좌석, 자리　　たいへんだ 힘들다, 큰일이다　　始まる 시작되다　　先に 먼저　　駅 역　　着く 도착하다
出口 출구　　間違える (길을) 잘못 들다, 잘못 하다　　線 (철도) 노선　　それぞれ 각각

木村さんと私は東口の本屋の前で会うことにしましたが、私は西口に出てしまいました。

外に出てから、いくら本屋をさがしてもありませんでした。

駅の人に聞いたら、ここは西口で、本屋は反対の方にあると言いました。

急いで木村さんに電話をしました。

「ごめんなさい。出るところを間違えてしまいました。」

「東口は駅の外を回ると時間がかかります。もう一度きっぷを買って、駅の中から来てください。」

やっと木村さんに会えましたが、もう食事をする時間はありません。

がっかりしました。ほんとうにごめんなさい。

단어					
東口 동쪽 출구	本屋 서점	西口 서쪽 출구	出る 나가(오)다	外 밖	いくら 아무리	さがす 찾다
反対 반대	急いで 서둘러	電話 전화	ごめんなさい 미안해요(회화체)	回る 돌다	もう一度 다시 한번
きっぷ 표	やっと 드디어	時間 시간	がっかりする 실망하다		

映画を見る時はやっぱりポップコーンがいちばんですね。

これは日本も韓国も同じです。

いっしょに食べながら、カップルが仲良くなるのも…。

いちばん違うのは日本は映画料金がとても高いことです。

この前調べたら、日本は世界でいちばん高いそうです。

でもチケットは木村さんが買ってくれました。

木村さん、今日は私が晩ご飯をごちそうします！

| 단어 |

料金 요금　　高い 비싸다, 높다　　この前 요전, 이전　　調べる 조사하다　　世界 세계　　チケット 티켓
晩ご飯 저녁밥, 저녁 식사　　ごちそうする 식사를 대접하다

본문 해석

09 영화는 역시 팝콘

금요일 밤, 기무라 씨와 영화를 봤습니다.
전부터 보고 싶었던 영화였습니다.
정말 인기가 있어서 좋은 자리를 잡기가 힘들었습니다.
우리는 영화가 시작되기 전에 만나서 먼저 밥을 먹기로 약속했습니다.
하지만 제가 역에 도착하고 나서 출구를 착각하고 말았습니다.
그 역은 여러 가지 노선이 모여 있어서 매우 큽니다.
출구가 네 개나 있고 각각이 떨어져 있습니다.
기무라 씨와 저는 동쪽 출구의 서점 앞에서 만나기로 했는데, 저는 서쪽 출구로 나와 버렸습니다.
밖으로 나가서 아무리 서점을 찾아도 없었습니다.
역무원에게 묻자 이곳은 서쪽 출구이고 서점은 반대편에 있다고 했습니다.
서둘러 기무라 씨에게 전화를 했습니다.
"미안해요. 나오는 곳을 잘못 알았어요."
"동쪽 출구는 역 밖을 돌면 시간이 걸려요. 다시 한번 표를 사서 역 안에서 오세요."
겨우 기무라 씨를 만날 수 있었지만, 이미 식사를 할 시간은 없습니다.
실망했습니다. 정말 미안해요.

영화를 볼 때는 역시 팝콘이 최고죠.
이건 일본이나 한국이나 똑같습니다.
함께 먹으면서 커플이 친해지는 것도….
가장 다른 점은 일본은 영화 요금이 매우 비싸다는 것입니다.
얼마 전에 알아보니, 일본은 세계에서 가장 비싸다고 합니다.
그렇지만 티켓은 기무라 씨가 사 주었습니다.
기무라 씨, 오늘은 제가 저녁을 대접할게요!

포인트 문형

- **〜前に** ~전에
  - 映画が始まる前に、ご飯を食べました。 영화가 시작되기 전에 밥을 먹었습니다.

- **〜ことにする** ~(하)기로 하다
  - 本屋の前で会うことにしました。 서점 앞에서 만나기로 했습니다.

- **いくら〜ても** 아무리 ~해도
  - いくら本屋をさがしてもありませんでした。 아무리 서점을 찾아도 없었습니다.

- **〜てください** ~해 주세요
  - 来てください。 와 주세요 / 오세요.

金曜日の夜、木村さんと映画を見ました。

前から見たかった映画でした。

とても人気があるから、いい席をとるのはたいへんでした。

私たちは映画が始まる前に会って、先にご飯を食べる約束をしました。

でも私が駅に着いてから、出口を間違えてしまいました。

その駅はいろいろな線が集まっていて、とても大きいです。

出口が4つもあって、それぞれがはなれています。

木村さんと私は東口の本屋の前で会うことにしましたが、私は西口に出てしまいました。

外に出てから、いくら本屋をさがしてもありませんでした。

駅の人に聞いたら、ここは西口で、本屋は反対の方にあると言いました。

急いで木村さんに電話をしました。

「ごめんなさい。出るところを間違えてしまいました。」

「東口は駅の外を回ると時間がかかります。もう一度きっぷを買って、駅の中から来てください。」

やっと木村さんに会えましたが、もう食事をする時間はありません。

がっかりしました。ほんとうにごめんなさい。

映画を見る時はやっぱりポップコーンがいちばんですね。

これは日本も韓国も同じです。

いっしょに食べながら、カップルが仲良くなるのも…。

いちばん違うのは日本は映画料金がとても高いことです。

この前調べたら、日本は世界でいちばん高いそうです。

でもチケットは木村さんが買ってくれました。

木村さん、今日は私が晩ご飯をごちそうします！

10

最高のカレー

「週末にぼくが作った料理をごちそうします。ぜひ家に来てください。」

木村さんからうれしいメールが届きました。

もちろん、すぐに「行きます。」と書いて送りました。

それから「メニューは何ですか。」と聞きましたが、木村さんは

「それはひみつです。楽しみにしてください。」

と言うだけでした。

단어

最高 최고　　**カレー** 카레　　**ぜひ** 꼭, 아무쪼록　　**メール** 메일, 휴대 전화의 문자 메시지　　**届く** 도착하다
もちろん 물론　　**すぐに** 곧, 바로　　**書く** 쓰다　　**送る** 보내다　　**ひみつ** 비밀　　**楽しみにする** 기대하다

メールを送りながら、にっこり笑う木村さんの顔が浮かびました。

私は日本の食べ物が大好きです。

外国人がきらいだというなっとうも食べられます。

でもちょっとにがてなのは甘いものです。

ケーキやお菓子は大丈夫ですが、日本料理の中でたとえばすきやき*、かつどん**、にくじゃが***などは砂糖がたくさん入っているようです。

韓国はそれほど甘い料理は多くありません。

木村さんが作った料理が甘かったらどうしよう。

私はその時、ちょっと心配でした。

でも、家に入った時、おいしいにおいが玄関までながれてきました。

これは食べなくてもわかります。

❋ 스키야키, ❋❋ 가쓰동, ❋❋❋ 니쿠자가(76p 참조)

| 단어 |

にっこり笑う 방긋 웃다　顔 얼굴　浮かぶ 떠오르다　外国人 외국인　なっとう 낫토　甘い 달다
ケーキ 케이크　お菓子 과자　大丈夫だ 괜찮다　たとえば 예를 들면　など ~등　砂糖 설탕
それほど 그렇게, 그 정도로　におい 냄새　玄関 현관　ながれる 흐르다

「わあ、今日はカレーを作ったんですね！」

「これは日本でぼくしか作れない『キムラカレー』ですよ！」

本当に、今まで食べたカレーの中でいちばんおいしかったです。

何か味のひみつがあると思って聞きましたが、教えてくれませんでした。

木村さんはまた

「それはひみつです。」

と言いました。

おいしくてもっとおかわりをしたかったんですが、がまんしました。

今着ている服が着られなくなったら困りますから…。

| 단어 |

おかわり(を)する 리필하다　　困る 곤란하다

본문 해석

10 최고의 카레

'주말에 제가 만든 요리를(음식을) 대접할게요. 꼭 우리 집에 와 주세요.'
기무라 씨로부터 기쁜 메일이 도착했습니다.
물론, 바로 '갈게요.'라고 적어 보냈습니다.
그리고 '메뉴가 뭐예요?'라고 물었지만, 기무라 씨는
'그건 비밀이에요. 기대해 주세요.'
라고 할 뿐이었습니다.
메일을 보내면서 빙그레 웃는 기무라 씨의 얼굴이 떠올랐습니다.
저는 일본 음식을 매우 좋아합니다.
외국인이 싫어한다는 낫토도 먹을 수 있습니다.
그러나 좀 싫어하는 것은 단 것입니다.
케이크나 과자는 괜찮지만, 일본 요리 중에서 예를 들면 스키야키*, 가쓰동**, 니쿠자가*** 등은 설탕이 많이 들어 있는 것 같습니다.
한국은 그 정도로 단 요리는(음식은) 많지 않습니다.
기무라 씨가 만든 요리가 달면 어떡하지?
저는 그때 좀 걱정했습니다.
하지만 집에 들어갔을 때, 맛있는 냄새가 현관까지 풍겨 왔습니다.
이건 먹지 않아도 알 수 있습니다.

"와, 오늘은 카레를 만들었군요!"
"이건 일본에서 저밖에 못 만드는 '기무라 카레'예요!"
정말로 지금까지 먹어 본 카레 중에서 제일 맛있었습니다.
뭔가 맛의 비밀이 있다고 생각해서 물어봤지만 알려주지 않았습니다.
기무라 씨는 또
"그건 비밀입니다."
라고 말했습니다.
맛있어서 더 먹고 싶었지만 참았습니다.
지금 입고 있는 옷을 입지 못하게 되면 곤란하니까요….

* **すきやき** 스키야키
  고기 전골. 달고 짠맛으로 고기와 파, 버섯, 당면, 두부 등을 함께 끓여서 먹는다.

** **かつどん** 가쓰동
  돈가스 덮밥. 돼지고기 안심이나 등심을 튀긴 돈가스를 간장, 설탕, 미림 등으로 달짝지근하게 끓인 다음에 달걀을 풀어서 만든다.

*** **にくじゃが** 니쿠자가
  고기 감자조림. 일본 가정 요리의 대표적인 메뉴로, 돼지고기 또는 소고기와 감자를 오래 끓여서 만든다.

포인트 문형

● **〜ながら** ~면서
・メールを送りながらにっこり笑う。 메일을 보내면서 방긋 웃는다.

● **〜だという** ~라고 하는
・外国人がきらいだというなっとうも食べられます。
외국인이 싫어한다는 낫토도 먹을 수 있습니다.

● **〜なのは** ~ㄴ 것은
・ちょっとにがてなのは甘いものです。 좀 싫어하는 것은 단 것입니다.

● **〜んですね** ~군요
・カレーを作ったんですね。 카레를 만들었군요.

「週末にぼくが作った料理をごちそうします。ぜひ家に来てください。」

木村さんからうれしいメールが届きました。

もちろん、すぐに「行きます。」と書いて送りました。

それから「メニューは何ですか。」と聞きましたが、木村さんは

「それはひみつです。楽しみにしてください。」

と言うだけでした。

メールを送りながら、にっこり笑う木村さんの顔が浮かびました。

私は日本の食べ物が大好きです。

外国人がきらいだというなっとうも食べられます。

でもちょっとにがてなのは甘いものです。

ケーキやお菓子は大丈夫ですが、日本料理の中で

たとえばすきやき、かつどん、にくじゃがなどは砂糖が

たくさん入っているようです。

韓国はそれほど甘い料理は多くありません。

木村さんが作った料理が甘かったらどうしよう。

私はその時、ちょっと心配でした。

でも、家に入った時、おいしいにおいが玄関までなが

れてきました。

これは食べなくてもわかります。

「わあ、今日はカレーを作ったんですね！」

「これは日本でぼくしか作れない

『キムラカレー』ですよ！」

本当に、今まで食べたカレーの中でいちばんおいしかったです。

何か味のひみつがあると思って聞きましたが、教えてくれませんでした。

木村さんはまた

「それはひみつです。」

と言いました。

おいしくてもっとおかわりをしたかったんですが、がまんしました。

今着ている服が着られなくなったら困りますから…。

11

とりあえず、生ビール！

「今度の金曜日はぼくの給料日だから、いっしょに飲みに行きましょう。」

木村さんが私を居酒屋につれていってくれました。

そこはとても大きくて、たくさんのテーブルがあるお店です。

私たちのとなりに座った人たちが、

「とりあえず、生で。」と言いました。

| 단어

とりあえず 일단, 우선　　給料日 월급날, 급여일　　居酒屋 이자카야, 선술집　　つれていく 데려가다

そこ 거기, 그곳　　テーブル 테이블　　となり 옆, 이웃　　生 생, 날것, '생맥주'의 준말

私は「とりあえず」がどんな意味かわからなかったので木村さんに聞きました。

それは「初めに」とか「先に」という言葉だそうです。

日本の居酒屋ではお店の人が料理より先に

「何を飲みますか。」

と聞きますね。

前にサラと行った時は、その後にすぐ小さなお皿の食べ物が出てきました。

| 단어 |

どんな 어떤　　意味 의미　　初めに 처음에　　お皿 접시

店の人が

「お通しです。」

と言うのでサービスだと思いましたが、後でお金を払わなければなりませんでした。そんなに高くありませんが…。

でも他の国と違うことはあっても、お酒を飲んで楽しく過ごすのは同じですね。

私たちも「とりあえず」ビールでかんぱいしました。

その後、木村さんにすすめられて日本酒を飲みました。

お酒を温かくして飲むのは初めてです。

少し甘くておいしい！

すぐに顔が熱くなってきました。

「ユナさん、顔がリンゴみたいですよ。」

木村さんの言葉を聞いてもっと熱くなるようでした。

でも、こんなに気分がいいのは、お酒のせいでしょうか。

| 단어 |

お通し 기본 안주, 간단한 안주   サービス 서비스   お金 돈   払う 지불하다   そんなに 그렇게
お酒 술   かんぱい 건배   すすめられる 권유 받다   日本酒 니혼슈, 사케, 청주   温かい (온도가) 따뜻하다
熱い 뜨겁다   リンゴ 사과   ～せい ~탓, ~때문

본문 해석

11 일단 생맥주!

"이번 금요일은 제 월급날이니까 같이 마시러 가요."
기무라 씨가 저를 선술집에 데려가 주었습니다.
거기는 아주 크고, 많은 테이블이 있는 가게입니다.
우리 옆에 앉은 사람들이 '토리아에즈 나마데(일단 생으로)!'라고 말했습니다.
저는 '토리아에즈'가 어떤 의미인지 몰라서 기무라 씨에게 물었습니다.
그건 '처음에'라든가 '먼저'라는 말이라고 합니다.
일본의 선술집에서는 가게 사람이 요리보다 먼저
"무엇을 마시겠습니까?"
하고 묻습니다.
전에 사라와 갔을 때는, 그 후에 바로 작은 접시에 담긴 음식이 나왔습니다.
가게 사람이
"기본 안주입니다."
라고 해서 서비스라고 생각했는데 나중에 돈을 지불해야 했습니다. 그렇게 비싸지는 않지만요….
그러나 다른 나라와 다른 점은 있어도 술을 마시면서 즐겁게 보내는 것은 똑같습니다.
저희도 '일단' 맥주로 건배했습니다.
그 후에 기무라 씨의 권유로 사케를 마셨습니다.

술을 따뜻하게 해서 마시는 건 처음입니다.
약간 달고 맛있어요!
금방 얼굴이 뜨거워지기 시작했습니다.
"유나 씨, 얼굴이 사과 같은데요."
기무라 씨의 말을 듣고 더 뜨거워지는 것 같았습니다.
근데, 이렇게 기분이 좋은 건, 술 때문일까요?

포인트 문형

● **～ましょう** ~합시다, ~해요

　・いっしょに飲みに行き**ましょう**。　같이 마시러 가요.

● **동사 ない형 + なければならない** ~하지 않으면 안 된다, ~해야 한다

　・お金を払**わなければなりません**。　돈을 지불해야 합니다.

● **형용사 + くなってくる** ~해지기 시작하다

　・すぐに顔が熱**くなってきました**。　바로 얼굴이 뜨거워지기 시작했습니다.

「今度の金曜日はぼくの給料日だから、いっしょに飲みに行きましょう。」
木村さんが私を居酒屋につれていってくれました。
そこはとても大きくて、たくさんのテーブルがあるお店です。
私たちのとなりに座った人たちが、
「とりあえず、生で。」
と言いました。
私は「とりあえず」がどんな意味かわからなかったので木村さんに聞きました。

それは「初めに」とか「先に」という言葉だそうです。

日本の居酒屋ではお店の人が料理より先に

「何を飲みますか。」

と聞きますね。

前にサラと行った時は、その後にすぐ小さなお皿の

食べ物が出てきました。

店の人が

「お通しです。」

と言うのでサービスだと思いましたが、後でお金を

払わなければなりませんでした。そんなに高くありま

せんが…。

でも他の国と違うことはあっても、お酒を飲んで楽し

く過ごすのは同じですね。

私たちも「とりあえず」ビールでかんぱいしました。

その後、木村さんにすすめられて日本酒を飲みました。

お酒を温かくして飲むのは初めてです。

少し甘くておいしい!

すぐに顔が熱くなってきました。

「ユナさん、顔がリンゴみたいですよ。」

木村さんの言葉を聞いてもっと熱くなるようでした。

でも、こんなに気分がいいのは、お酒のせいでしょうか。

公園はもう秋の色

木村さんとよく行く公園には、いろいろな木があります。

少し冷たい風が吹くと、今まで緑色だった葉の色が変わってきます。

子どもたちは赤い色や、黄色の葉を集めて遊んでいます。

私が子どものころも、色の違う葉をならべて遊びました。

それから赤、黄色、緑の順に糸でつなぎました。

それをネックレスのように首にかけたり、友だちにあげたりしました。

단어

色 색　木 나무　緑色 초록색, 녹색　葉 잎　変わる 변하다　赤い 빨갛다, 붉다　黄色 노랑색
集める 모으다　遊ぶ 놀다　ならべる 늘어놓다　順 순서　糸 실　つなぐ 잇다, 연결하다
ネックレス 목걸이　首 목걸이　かける 걸다　友だち 친구

木村さんは子どものころ、葉に顔を描いて遊んだそうです。

たくさん落ちている葉の中に、顔を描いた葉を見つけた人がびっくりするのがおもしろかったと言いました。

木村さんは子どもの時からいたずらが好きだったんですね。

私はこのごろジムに通っています。

秋はご飯がおいしくてたくさん食べてしまいます。

少し運動をした方がいいと友だちが言うので始めました。

| 단어 |

描く 그리다　　見つける 찾아내다, 발견하다　　いたずら 장난　　ジム 체육관, 헬스장　　通う 다니다　　運動 운동
始める 시작하다

それに、木村さんがいつかいっしょに富士山に行こうと言いました。

高い山に登るなら、もっと運動しなくちゃ。

木村さんと話して帰る時、大きな木の下にきれいな色の葉をおいてきました。

そこには二人の名前が書いてあります。

その葉はまるでハートのかたちのように見えます。

| 단어 |

それに 게다가, 그리고　　富士山 후지산　　山 산　　登る 오르다　　帰る 돌아가(오)다　　下 아래

きれいだ 예쁘다, 깨끗하다　　おく 두다, 놓다　　まるで 마치　　かたち 모양, 형태

본문 해석

12 공원은 이제 가을 빛

기무라 씨와 자주 가는 공원에는 여러 가지 나무가 있습니다.

조금 차가운 바람이 불면 지금까지 녹색이었던 잎의 색이 변하기 시작합니다.

아이들은 빨간색이나 노란색 잎을 모아서 놀고 있습니다.

제가 어렸을 때도 색깔이 다른 잎을 늘어놓고 놀았습니다.

그리고는 빨강, 노랑, 초록 순서로 실로 연결했습니다.

그걸 목걸이처럼 목에 걸거나 친구에게 주거나 했습니다.

기무라 씨는 어린 시절, 잎에 얼굴을 그리고 놀았다고 합니다.

수북이 떨어져 있는 잎들 중에 얼굴을 그린 잎을 발견한 사람이 깜짝 놀라는 게 재미있었다고 했습니다.

기무라 씨는 어릴 때부터 장난을 좋아했군요.

저는 요즘 헬스장에 다니고 있습니다.

가을은 밥이 맛있어서 많이 먹고 맙니다.

좀 운동을 하는 편이 좋겠다고 친구가 말해서 시작했습니다.

게다가 기무라 씨가 언젠가 함께 후지산에 가자고 했습니다.

높은 산에 오르려면 좀 더 운동을 해야 해요.

기무라 씨와 이야기하고 돌아올 때, 큰 나무 밑에 예쁜 빛깔의 잎을 놓고 왔습니다.

거기에는 두 사람의 이름이 쓰여 있습니다.

그 잎은 마치 하트 모양처럼 보입니다.

포인트 문형

● **～た方(ほう)がいい** ~는 편이 좋다 [조언]
  - 運動(うんどう)をした方(ほう)がいい。 운동을 하는 편이 좋다.

● **～なら** ~다면, ~라면 [조건]
  - 高(たか)い山(やま)に登(のぼ)るなら運動(うんどう)しなくちゃ。 높은 산에 오르려면 운동을 해야 해요.

● **～が + 타동사 + ～てある** ~이 ~어 있다 [상태]
  - 名前(なまえ)が書(か)いてあります。 이름이 쓰여 있습니다.

木村さんとよく行く公園には、いろいろな木があります。

少し冷たい風が吹くと、今まで緑色だった葉の色が変わってきます。

子どもたちは赤い色や、黄色の葉を集めて遊んでいます。

私が子どものころも、色の違う葉をならべて遊びました。

それから赤、黄色、緑の順に糸でつなぎました。

それをネックレスのように首にかけたり、友だちにあげたりしました。

木村さんは子どものころ、葉に顔を描いて遊んだそうです。

たくさん落ちている葉の中に、顔を描いた葉を見つけた人がびっくりするのがおもしろかったと言いました。

木村さんは子どもの時からいたずらが好きだったんですね。

私はこのごろジムに通っています。

秋はご飯がおいしくてたくさん食べてしまいます。

少し運動をした方がいいと友だちが言うので始めました。

それに、木村さんがいつかいっしょに富士山に行こうと言いました。

高い山に登るなら、もっと運動しなくちゃ。

木村さんと話して帰る時、大きな木の下にきれいな色の葉をおいてきました。

そこには二人の名前が書いてあります。

その葉はまるでハートのかたちのように見えます。

13

ハッピーバースデー

今日は木村さんの誕生日。

すてきなレストランに会社の人たちが集まりました。

ミンジュンさんも、鈴木さんもいます。

鈴木さんは結婚式のあと、パーティーで知り合いました。

ミンジュンさんとこのレストランに決めた時、ケーキも予約しました。

| 단어 |

ハッピーバースデー Happy birthday　　レストラン 레스토랑　　知り合う 서로 알게 되다　　決める 정하다
予約 예약

そのケーキにはバラの花と葉のかたちのチョコレートがのっています。

色は赤、黄色、緑。

あの公園の紅葉を思い出します。

私とミンジュンさんが真ん中に

「誕生日おめでとう。」

と書きました。

みんなが木村さんにプレゼントを渡しました。

もちろん私もあげました。

今までずっと探して、やっと見つけたおしゃれな時計です。

| 단어 |

バラ 장미　　のる 놓이다, 얹히다　　思い出す 떠올리다, 생각나다　　真ん中 한가운데　　渡す 건네주다

ずっと 계속, 줄곧　　おしゃれだ 멋있다, 세련되다　　時計 시계

木村さんは仕事をする時に時間がとても大切です。

雨が降ってぬれても大丈夫な時計です。

いつでも時計を見る時に、私を思い出してほしいと思っています。

木村さんはみんなに私とつきあっていることを話しました。

私を紹介したミンジュンさんにはありがとうと言いました。

みんなが拍手をしましたが、私は恥ずかしくてずっと下を向いていました。

少しして木村さんと鈴木さんが氷をもらってくると言って出ていきました。

❋ ❋ ❋

鈴木　「ユナさんには早く話した方がいいと思うけど…。」

木村　「でも、まだはっきり決まったことじゃないから…。」

二人が何を話しているのか、もちろんその時はだれも知りませんでした。

| 단어 |

ぬれる 젖다　　いつでも 언제라도　　つきあう 사귀다　　拍手 박수　　恥ずかしい 창피하다
下を向く 고개를 숙이다　　氷 얼음　　もらう (남에게) 받다　　早く 빨리　　はっきり 분명히, 확실히
決まる 결정되다　　だれも 아무도

본문 해석

13 Happy birthday

오늘은 기무라 씨의 생일.
근사한 레스토랑에 회사 사람들이 모였습니다.
민준 선배도 스즈키 씨도 있습니다.
스즈키 씨는 결혼식 후 파티에서 알게 되었습니다.
민준 선배와 이 레스토랑으로 결정했을 때 케이크도 예약했습니다.
그 케이크에는 장미꽃과 잎 모양의 초콜릿이 올려져 있습니다.
색깔은 빨강, 노랑, 초록.
그 공원의 단풍이 생각납니다.
저와 민준 선배가 한가운데에
'생일 축하해요.'
라고 썼습니다.
모두가 기무라 씨에게 선물을 건넸습니다.
물론 저도 주었습니다.
지금까지 계속 찾아보고 겨우 발견한 멋진 시계입니다.
기무라 씨는 일을 할 때 시간이 매우 중요합니다.
비가 와서 젖어도 괜찮은 시계입니다.
언제라도 시계를 볼 때 저를 떠올려 주었으면 좋겠다고 생각했습니다.

기무라 씨는 모두에게 저와 사귀고 있는 것을 이야기했습니다.
저를 소개한 민준 선배에게는 고맙다고 말했습니다.
모두가 박수를 쳤지만 저는 부끄러워서 계속 고개를 숙이고 있었습니다.
조금 후에 기무라 씨와 스즈키 씨가 얼음을 받아 오겠다고 하고 나갔습니다.

❖ ❖ ❖

스즈키 "유나 씨에게는 빨리 얘기하는 편이 좋을 것 같은데…."
기무라 "근데, 아직 확실히 결정된 건 아니니까…."

둘이 무엇을 이야기하고 있는지 물론 그때는 아무도 몰랐습니다.

포인트 문형

● **〜てほしい** ~면 좋겠다
- 私を思い出してほしいと思っています。 저를 떠올려 주었으면 좋겠다고 생각했습니다.

● **〜ていく** ~해 가다
- 氷をもらってくると言って出ていきました。 얼음을 받아 오겠다고 하고 나갔습니다.

● **〜か 〜知らない** ~ㄴ지 ~모른다
- 何を話しているのか、だれも知りませんでした。 무엇을 이야기하고 있는지 아무도 몰랐습니다.

今日は木村さんの誕生日。

すてきなレストランに会社の人たちが集まりました。

ミンジュンさんも、鈴木さんもいます。

鈴木さんは結婚式のあと、パーティーで知り合いました。

ミンジュンさんとこのレストランに決めた時、ケーキも予約しました。

そのケーキにはバラの花と葉のかたちのチョコレートがのっています。

色は赤、黄色、緑。

あの公園の紅葉を思い出します。

私とミンジュンさんが真ん中に
「誕生日おめでとう。」
と書きました。
みんなが木村さんにプレゼントを渡しました。
もちろん私もあげました。
今までずっと探して、やっと見つけたおしゃれな時計です。
木村さんは仕事をする時に時間がとても大切です。
雨が降ってぬれても大丈夫な時計です。
いつでも時計を見る時に、私を思い出してほしいと思っています。
木村さんはみんなに私とつきあっていることを話しました。

私を紹介したミンジュンさんにはありがとうと言いました。

みんなが拍手をしましたが、私は恥ずかしくてずっと下を向いていました。

少しして木村さんと鈴木さんが氷をもらってくると言って出ていきました。

鈴木　「ユナさんには早く話した方がいいと思うけど…。」

木村　「でも、まだはっきり決まったことじゃないから…。」

二人が何を話しているのか、もちろんその時はだれも知りませんでした。

14

大事(だいじ)な話(はなし)

木村(きむら)さんが

「大事(だいじ)な話(はなし)があります。」

と言(い)った時(とき)、少(すこ)し不安(ふあん)でした。

私(わたし)たちが初(はじ)めて会(あ)ったのは、さくらの花(はな)が咲(さ)くころです。

暖(あたた)かい風(かぜ)が吹(ふ)いて、新(あたら)しい季節(きせつ)が始(はじ)まる時(とき)でした。

でも、このごろは木(こ)の葉(は)も全部(ぜんぶ)落(お)ちてしまいました。

| 단어 |

不安(ふあん)だ 불안하다　　暖(あたた)かい (기온이) 따뜻하다　　新(あたら)しい 새롭다　　季節(きせつ) 계절　　木(こ)の葉(は) 나뭇잎

今はもう1年が終わろうとしています。

何だか悲しい気持ちになりそうでしたが、木村さんと会う時はいつも楽しかったことを思い出しました。

いいことだけを考えようと思いました。

もうすぐクリスマスです。

もしかするとすてきなデートの話かもしれません。

「大事な話」だから、私たちの未来のことかもしれません。

お店の中は少し暗くて、静かな音楽が流れていました。

木村さんの顔は笑っていても、元気がありませんでした。

「来月、中国に行かなければなりません。」

それは音楽よりも小さい声でしたが、私にはとても強くはっきり聞こえました。

少しの間、出張に行ってくるのではなくて、何年か帰れないと言いました。

これから木村さんに会えなくなる… そんなことは信じられません。

| 단어 |

クリスマス 크리스마스   もしかすると 어쩌면   未来 미래   暗い 어둡다   音楽 음악
元気がない 기운이 없다   来月 다음 달   中国 중국   強く 강하게, 세게   聞こえる 들리다
少しの間 잠시   何年 몇 년   これから 앞으로, 이제부터   信じる 믿다

泣きたいと思いましたが、がまんしました。

木村さんはもっとつらいと思ったからです。

会おうと思えば、飛行機に乗って会いに行くこともできます。

私は木村さんを待つことにしました。

大学を卒業してから、日本で就職したいです。

木村さんがいない春はさびしいですが、新しい季節はきっと来るから…。

| 단어 |

泣く 울다　つらい 힘들다, 괴롭다　飛行機 비행기　乗る (탈 것에) 타다　待つ 기다리다　就職 취직
きっと 분명, 꼭

본문 해석

14 중요한 이야기

기무라 씨가
'중요한 이야기가 있습니다.'
라고 했을 때, 조금 불안했습니다.
우리가 처음 만난 것은 벚꽃이 필 무렵입니다.
따뜻한 바람이 불고 새로운 계절이 시작될 때였습니다.
하지만 요즘은 나뭇잎도 모두 지고 말았습니다.
지금은 벌써 1년이 끝나려고 합니다.
어쩐지 슬픈 기분이 들 것 같았지만, 기무라 씨와 만날 때는 늘 즐거웠던 것을 떠올렸습니다.
좋은 생각만 하자고 생각했습니다.
이제 곧 크리스마스입니다.
어쩌면 멋진 데이트 이야기일지도 모릅니다.
'중요한 이야기'니까, 우리의 미래의 일일지도 모릅니다.
가게 안은 조금 어둡고, 조용한 음악이 흐르고 있었습니다.
기무라 씨의 얼굴은 웃고 있지만 기운이 없었습니다.
"다음 달에 중국으로 가야 합니다."
그건 음악보다 작은 목소리였지만, 제게는 매우 강하고 또렷하게 들렸습니다.
잠시 출장을 다녀오는 게 아니고, 몇 년이나 돌아오지 못 한다고 했습니다.
앞으로 기무라 씨를 만날 수 없게 된다… 그런 건 믿을 수 없습니다.
울고 싶었지만 참았습니다.
기무라 씨는 더 힘들 거라고 생각했기 때문입니다.
만나려고 하면 비행기를 타고 만나러 갈 수도 있습니다.
저는 기무라 씨를 기다리기로 했습니다.
대학을 졸업하고, 일본에서 취직하고 싶습니다.
기무라 씨가 없는 봄은 쓸쓸하지만, 새로운 계절은 반드시 오니까요….

포인트 문형

● **동사 의지형 + とする** ~려고 하다
- 終わろうとしています。 끝나려고 합니다.

● **동사 ます형 + そうだ** ~ㄹ것 같다, ~ㄹ뻔 하다
- 悲しい気持ちになりそうでした。 슬픈 기분이 들 것 같았습니다.

● **〜かもしれません** ~ㄹ지도 모릅니다
- デートの話かもしれません。 데이트 이야기일지도 모릅니다.

● **동사 의지형 + と思えば 〜することもできる** ~려고 하면 ~ㄹ 수도 있다
- 会おうと思えば、会いに行くこともできます。 만나려고 하면 만나러 갈 수도 있어요.

木村さんが

「大事な話があります。」

と言った時、少し不安でした。

私たちが初めて会ったのは、さくらの花が咲くころです。

暖かい風が吹いて、新しい季節が始まる時でした。

でも、このごろは木の葉も全部落ちてしまいました。

今はもう1年が終わろうとしています。

何だか悲しい気持ちになりそうでしたが、木村さんと会う時はいつも楽しかったことを思い出しました。

いいことだけを考えようと思いました。

もうすぐクリスマスです。

もしかするとすてきなデートの話かもしれません。

「大事な話」だから、私たちの未来のことかもしれません。

お店の中は少し暗くて、静かな音楽が流れていました。

木村さんの顔は笑っていても、元気がありませんでした。

「来月、中国に行かなければなりません。」

それは音楽よりも小さい声でしたが、私にはとても強くはっきり聞こえました。

少しの間、出張に行ってくるのではなくて、何年か帰れないと言いました。

これから木村さんに会えなくなる…そんなことは信じられません。

泣きたいと思いましたが、がまんしました。

木村さんはもっとつらいと思ったからです。

会おうと思えば、飛行機に乗って会いに行くことも

できます。

私は木村さんを待つことにしました。

大学を卒業してから、日本で就職したいです。

木村さんがいない春はさびしいですが、新しい季節は

きっと来るから…。

15

出発の日

とうとうその日が来てしまいました。

天気は朝からくもって、太陽が見えません。

空港に来ている人たちは外国に行くことがうれしそうです。

家族で行く人、一人で行く人、たくさんの友だちと行く人、カップルもいます。でも、私たちは…。

これから木村さんが行く中国はとても寒いというニュースを見ました。

| 단어 |

とうとう 마침내, 드디어　　朝 아침　　くもる (날씨가) 흐리다　　太陽 태양　　空港 공항　　外国 외국
寒い 춥다　　ニュース 뉴스

暖かい服を着ていかなければならないのに、木村さんはいつもと同じです。
心配だと言いましたが、カバンの中には冬の服がたくさん入っているそうです。
もし日本の食べ物が食べたくなったら、私が送ると言いました。
すると
「中国には日本人がたくさん住んでいるから日本人が好きなものは何でもあります。」
と言ったので、私は木村さんをにらみました。
いつもはやさしい木村さんが、今日はどうしてこんなに冷たく感じるのでしょうか。

| 단어 |

カバン 가방　　冬 겨울　　もし 혹시, 만약　　住む 살다, 거주하다　　何でも 뭐든지, 아무거나
にらむ 째려보다, 노려보다　　やさしい 다정하다, 상냥하다　　どうして 어째서, 왜　　感じる 느끼다

時計は見たくありませんでしたが、空港には大きい時計がたくさんあります。

航空会社の放送が、中国に行く飛行機に乗る人は早く来てくださいと何度も知らせています。

木村さん、見送りはここまでです。

でも「さようなら」とは言いません。

私たちは今度会う時に笑って会えるようにこれから時間をかけて準備しましょう。

木村さんは手をあげて、目だけであいさつしました。

私も大きく手を振りました。

| 단어 |

航空会社 항공 회사   放送 방송   何度も 몇 번이나   知らせる 알리다, 공지하다   見送り 배웅
さようなら 안녕(작별 인사)   準備 준비   手をあげる 손을 들다   目 눈   あいさつ 인사
手を振る 손을 흔들다

본문 해석

15 출발하는 날

마침내 그날이 오고 말았습니다.
날씨는 아침부터 흐려서 태양이 보이지 않습니다.
공항에 와 있는 사람들은 외국에 가는 게 기쁜 것 같습니다.
가족과 가는 사람, 혼자 가는 사람, 많은 친구들과 가는 사람, 커플도 있습니다.
하지만 우리는….
앞으로 기무라 씨가 갈 중국은 매우 춥다는 뉴스를 보았습니다.
따뜻한 옷을 입고 가야 하는데 기무라 씨는 평소와 똑같습니다.
걱정된다고 했더니 가방 안에는 겨울 옷이 많이 들어있다고 합니다.
혹시 일본 음식이 먹고 싶어지면 제가 보내겠다고 했습니다.
그러자
"중국에는 일본인이 많이 살고 있기 때문에 일본인이 좋아하는 것은 뭐든지 있어요."
하고 말해서, 저는 기무라 씨를 노려보았습니다.
평소에는 상냥한 기무라 씨가 오늘은 왜 이렇게 차갑게 느껴지는 걸까요?

시계는 보고 싶지 않았지만, 공항에는 큰 시계가 많이 있습니다.
항공사 방송이 중국으로 가는 비행기에 탈 사람은 빨리 오라고 몇 번이고 공지하고 있습니다.
기무라 씨, 배웅은 여기까지입니다.
하지만 '안녕'이라고는 하지 않겠습니다.
우리들은 다음에 만날 때 웃으며 만날 수 있도록 앞으로 시간을 들여서 준비합시다.
기무라 씨는 손을 들고 눈으로만 인사했습니다.
저도 크게 손을 흔들었습니다.

포인트 문형

● 〜のでしょうか ~ㄴ 것일까요?
・どうして冷たく感じるのでしょうか。 어째서 차갑게 느껴지는 걸까요?

● 〜たくありません ~고 싶지 않습니다
・時計は見たくありません。 시계는 보고 싶지 않습니다.

● 〜ように ~도록
・笑って会えるように。 웃으며 만날 수 있도록.

とうとうその日が来てしまいました。

天気は朝からくもって、太陽が見えません。

空港に来ている人たちは外国に行くことがうれしそうです。

家族で行く人、一人で行く人、たくさんの友だちと行く人、カップルもいます。

でも、私たちは…。

これから木村さんが行く中国はとても寒いというニュースを見ました。

暖かい服を着ていかなければならないのに、木村さんはいつもと同じです。

心配だと言いましたが、カバンの中には冬の服がたくさん入っているそうです。

もし日本の食べ物が食べたくなったら、私が送ると言いました。

すると

「中国には日本人がたくさん住んでいるから日本人が好きなものは何でもあります。」

と言ったので、私は木村さんをにらみました。

いつもはやさしい木村さんが、今日はどうしてこんなに冷たく感じるのでしょうか。

時計は見たくありませんでしたが、空港には大きい時計がたくさんあります。

航空会社の放送が、中国に行く飛行機に乗る人は早く来てくださいと何度も知らせています。

木村さん、見送りはここまでです。

でも「さようなら」とは言いません。

私たちは今度会う時に笑って会えるようにこれから時間をかけて準備しましょう。

木村さんは手をあげて、目だけであいさつしました。

私も大きく手を振りました。

16

木村さんのメール

ユナさん。

心がこもったメールをありがとうございます。

こちらは毎日とても寒いですが、ユナさんのメールを見て体も心も温かくなりました。

今、いちばん言いたいことは、

「卒業、おめでとう。」

です。

| 단어 |

心がこもる 마음이 담기다　　こちら 이쪽　　毎日 매일

ユナさんはもう学生じゃなくて、社会人ですね。

これからは一人でいろいろなことをしなければなりません。

ぼくがそばにいれば何か手伝うことができたかもしれませんが。

でも、ユナさんはきっと

「大丈夫です。」

と言うでしょう。

ぼくはそんなユナさんが大好きです。

先週、中国はお正月でした。

みんな故郷に帰って家族といっしょに過ごします。

街では赤い色の飾りがとてもきれいでした。

赤は特別な色で、幸せを呼ぶそうです。

それから毎日花火をして楽しんでいました。

ユナさんといっしょに行ったおまつりや花火を思い出しました。

韓国もお正月は同じ時期だと聞きましたが、家には帰りませんでしたか。

| 단어 |

社会人 사회인　　**そば** 옆, 곁　　**手伝う** 돕다, 도와주다　　**お正月** 정월, 설(여기에서는 구정을 뜻함)　　**故郷** 고향
街 거리　　**飾り** 장식　　**特別だ** 특별하다　　**幸せ** 행복　　**呼ぶ** 부르다　　**時期** 시기

それでも、お父さんやお母さんとは卒業式で会えてよかったですね。

日本も韓国も、そして中国でも家族を大切に思う気持ちは同じです。

ユナさん。

どうか元気で。

また、会える日を楽しみにしています。

본문 해석

16 기무라 씨의 메일

유나 씨.
마음이 담긴 메일 고마워요.
이쪽은 매일 너무 추운데 유나 씨의 메일을 보고 몸도 마음도 따뜻해졌습니다.
지금 가장 하고 싶은 말은
'졸업 축하해요.'
입니다.
유나 씨는 이제 학생이 아니라 사회인이네요.
이제부터는 혼자서 여러 가지 일을 해야 합니다.
제가 옆에 있으면 뭔가 도와줄 수 있었을 것 같은데.
하지만 유나 씨는 분명
'괜찮아요.'
라고 말하겠죠.
저는 그런 유나 씨가 너무 좋습니다.
지난주 중국은 설이었어요.
모두 고향으로 돌아가 가족과 함께 보냅니다.
거리에는 빨간색 장식이 아주 예뻤습니다.
빨강은 특별한 색으로 행복을 부른다고 합니다.
그리고 매일 불꽃놀이를 하며 즐겼습니다.
유나 씨와 함께 갔던 축제와 불꽃놀이가 생각났습니다.
한국도 설날은 같은 시기라고 들었는데, 집에는 돌아가지 않았나요?
그래도 아버지와 어머니와는 졸업식에서 만날 수 있어서 다행이네요.
일본도 한국도, 그리고 중국에서도 가족을 소중하게 생각하는 마음은 같습니다.
유나 씨. 부디 건강하세요.
다시 만날 날을 기대하고 있을게요.

포인트 문형

- **동사 + でしょう** ~겠지요, ~일 것입니다
  - 「大丈夫です」と言うでしょう。 '괜찮습니다'라고 말하겠죠.

- **〜てよかった** ~(해)서 다행이다, ~(하)길 잘했다
  - 会えてよかったですね。 만나서 다행이네요.

- **どうか〜で** 아무쪼록(부디) ~하세요 [인사말]
  - どうか元気で。 부디 건강하세요.

ユナさん。

心がこもったメールをありがとうございます。

こちらは毎日とても寒いですが、ユナさんのメールを見て体も心も温かくなりました。

今、いちばん言いたいことは、

「卒業、おめでとう。」

です。

ユナさんはもう学生じゃなくて、社会人ですね。

これからは一人でいろいろなことをしなければなりません。

ぼくがそばにいれば何か手伝うことができたかもしれませんが。

でも、ユナさんはきっと

「大丈夫です。」

と言うでしょう。

ぼくはそんなユナさんが大好きです。

先週、中国はお正月でした。

みんな故郷に帰って家族といっしょに過ごします。

街では赤い色の飾りがとてもきれいでした。

赤は特別な色で、幸せを呼ぶそうです。

それから毎日花火をして楽しんでいました。

ユナさんといっしょに行ったおまつりや花火を思い出しました。

韓国もお正月は同じ時期だと聞きましたが、家には帰りませんでしたか。

それでも、お父さんやお母さんとは卒業式で会えてよかったですね。

日本も韓国も、そして中国でも家族を大切に思う気持ちは同じです。

ユナさん。

どうか元気で。

また、会える日を楽しみにしています。

착! 붙는
일본어 읽기·쓰기

초판인쇄	2025년 6월 16일
초판발행	2025년 7월 1일
저자	일본어 공부기술연구소
편집	김성은, 조은형, 오은정, 무라야마 토시오
펴낸이	엄태상
디자인	이건화
일러스트	eteecy(표지), 최예나(내지)
조판	김성은
콘텐츠 제작	김선웅, 장형진
마케팅	이승욱, 노원준, 조성민, 이선민
경영기획	조성근, 최성훈, 김로은, 최수진, 오희연
물류	정종진, 윤덕현, 신승진, 구윤주
펴낸곳	시사일본어사(시사북스)
주소	서울시 종로구 자하문로 300 시사빌딩
주문 및 교재 문의	1588-1582
팩스	0502-989-9592
홈페이지	www.sisabooks.com
이메일	book_japanese@sisadream.com
등록일자	1977년 12월 24일
등록번호	제 300-2014-92호

ISBN 978-89-402-9450-5 (13730)

＊ 이 책의 내용을 사전 허가 없이 전재하거나 복제할 경우 법적인 제재를 받게 됨을 알려 드립니다.
＊ 잘못된 책은 구입하신 서점에서 교환해 드립니다.
＊ 정가는 표지에 표시되어 있습니다.